부자수업
1교시

열심히 벌어도 통장은 가벼운 당신을 위한
부자수업 1교시

초판 1쇄 인쇄 2016년 11월 9일
초판 1쇄 발행 2016년 11월 18일

지은이 조민형

펴낸이 김찬희
펴낸곳 끌리는책

출판등록 신고번호 제25100-2011-000073호
주소 서울시 구로구 경인로 55 재도빌딩 206호
전화 영업부 (02)335-6936 편집부 (02)2060-5821
팩스 (02)335-0550
이메일 happybookpub@gmail.com
페이스북 https://www.facebook.com/happybookpub/
블로그 http://blog.naver.com/happybookpub

ISBN 979-11-87059-13-4 13320
값 13,000원

- 잘못된 책은 구입하신 서점에서 교환해드립니다.
- 이 책 내용의 일부 또는 전부를 재사용하려면 반드시 사전에 저작권자와 출판권자에게 서면에 의한 동의를 얻어야 합니다.
- 이 도서의 국립중앙도서관 출판예정도서목록(CIP)은 서지정보유통지원시스템 홈페이지(http://seoji.nl.go.kr)와 국가자료공동목록시스템(http://www.nl.go.kr/kolisnet)에서 이용하실 수 있습니다. (CIP제어번호: CIP2016025443)

부자수업 1교시

**열심히 벌어도
통장은 가벼운
당신을 위한**

조민형 지음

조례시간

학교에서 배우지 못한
돈 공부

대학 졸업 후 월급 130만 원인 회사에 1년 계약직으로 들어갔다. 당시 나는 보증금 200만 원에 월세 22만 원짜리 원룸에 살고 있었다. 보증금은 아르바이트와 용돈으로 모은 돈이었다. 그 원룸은 너무 허름해서 빨리 돈을 모아 보증금 500만 원에 월세 30만 원짜리로 이사를 가야겠다는 마음이 굴뚝같았다.

참 순진한 생각이었다. 월급이 130만 원이니까 월세 22만 원 빼고 이것저것 생활비를 쓴다고 해도 한 달에 최소 60만 원 정도는 남겠다고 생각했다. 몇 달만 모으면 조금 나은 곳으로 이사 갈 수 있다고 믿었다. 그런데 1년 동안 모은 돈이 단돈 10만 원도 되지 않았다. 단돈 10만 원도!

금수저 흙수저라는 말이 유행한다.

솔직히 털어놓자. 나는 금수저가 아니다. 그렇다고 흙수저라고 한탄하고 싶지는 않다. 왜냐하면 부모님은 우리 형제를 대학 졸업시킬 때까지 평생 쉬지 않고 열심히 일하신 분들이기 때문이다. 부모님이 내게 제공한 교육은 내가 세상에 나가서 먹고살 수 있도록 숟가락을 손에 쥐어준 거라고 생각하기 때문이다.

부자들은 자녀에게 아주 어릴 때부터 경제관념을 가르친다. 현재의 자산을 잘 관리하는 방법은 물론이고 더 늘리는 방법에 대해서도 가르친다. 하지만 직장생활이나 자영업을 통해 근근히 먹고사는 일을 해결하면서 자녀를 키우는 보통 사람들은 자녀에게 경제관념을 가르칠 여유가 없다. 자신들의 노후 준비도 못하고 있는 경우가 많다. 그리고 학력이 많은 것을 좌우하는 우리나라에서 자녀를 대학에, 그것도 취직이 잘되는 좋은 대학에 보내려고 애쓰는 것이 자녀교육의 전부인 상황에서, 돈에 대한 교육은 용돈 기입장을 쓰게 하는 게 고작이다.

나 역시 자라면서 돈에 대해 배운 것이 거의 없다. 있으면 좋고, 없으면 힘들다는 정도의 생각뿐이었다. 내 능력으로 처음 돈을 벌기 시작했지만 어떻게 써야 할지, 어떻게 모아야 할지 기본적인 지식조차 없었다. 결국 혼자서 돈에 대한 공부를 시작했고, 버는 돈을 어떻게 쓰고 관리해야 하는지, 어떻게 더 모으고, 어떻게 돈을 불릴 수 있는지 공부해야 했다.

돈에 대해 공부를 하다가 직업도 바꾸었다. 재무설계사는 고객이 자신의 자산을 합리적이고 체계적으로 관리하면서 소비하고, 더 나아가 인생설계도 할 수 있도록 도와주는 직업이다. 하지만 일을 계속하면서 절실하게 느끼게 된 것은 생각보다 많은 사람들이 돈에 대해 공부한 적이 없으며, 돈 관리 자체에 무관심하다는 사실이었다.

'버는 돈이 너무 적다 보니' 또는 '쓸 돈이 너무 많다 보니' 계획 같은 건 꿈도 꾸지 못했다는 고객들과 함께 머리를 맞대고 재무설계를 하면서 나도 새롭게 내 인생계획을 수정하곤 했다.

학창시절, 교실 칠판 옆의 시간표에 '돈' 과목은 본 적이 없다. 물론 사회과목에서 경제 전반에 대한 지식을 배우지만, 그렇게 배운 지식은 내 생활과는 동떨어져 있었다.

부자는 더 부자가 되고, 가난한 사람은 더 가난해지는 세상에 살고 있다. 부자들은 돈에 대해 더 많이 공부해서 돈을 잘 쓰고 잘 다루고 잘 불린다. 가난한 사람들은 돈에 대해 잘 몰라서 돈을 못 벌고, 늘 돈이 없어 허덕인다.

나는 아직 30대 초반이고, 결혼한 지 얼마 되지 않았다. 부모님께 도움을 받은 것도 없고, 대단한 능력이 있어 수입이 많은 것도 아니다. 하지만 돈에 대한 공부를 계속하면서 3년 후, 5년 후, 10년 후, 20년 후, 아니 그 이상까지도 행복한 꿈을 설계하고 하루하루 실천해나가고 있다.

남들보다 많이 벌고 남들보다 돈을 더 빨리 불리는 일은 쉽지 않다. 돈에 대해 잘 모르면 있는 돈마저 쉽게 사라지는 세상이다.

이 책에서 나는 대단한 투자 비법과 현란한 기술로 돈을 벌고 불리자는 이야기는 하지 않을 것이다.

다만 적게 버는 돈마저 자신도 모르는 사이에 새는 돈이 없는지 점검하고 이를 최대한 지킬 방법을 함께 찾아보고, 나의 지갑과 통장을 털어가는 요소들에 대해 냉정하게 짚어보려고 한다.

무조건 적게 먹고 적게 쓰라는 말이 아니다. 쉬지 않고 일하는데도 '돈' 때문에 살기 힘들다고 느낀다면 무언가 분명 잘못된 것이다. '돈을 벌면=모인다'라는 공식이 성립하지 않는다면 분명 공식 사이에 다른 부호가 숨겨져 있음이 틀림없다. 수많은 유혹에 쉽게 빠지는 순간, 우리의 통장은 마이너스가 된다. 우리가 마이너스가 될수록 우리를 유혹에 빠지게 하는 것들만 플러스가 된다.

모든 일이 내 생각과 다른 방향으로 갈 경우 처음으로 돌아가야 한다. 처음으로 돌아가서 기초부터 다시 세워야 한다. 돈 불리는 '확실한' 방법이라고 약속하는 책이 시중에 많다. 하지만 대부분이 돈이 없는 사람들에게는 뜬구름 잡는 얘기처럼 들릴 수밖에 없다. 아무리 고민을 하고 책을 읽어도 여전히 통장이 비어 있고, 앞날이 캄캄하게 느껴진다면 제대로 된 돈 공부를 지금부터라도 시작해보자.

나는 부자수업에서 학생들을 가르치는 교사는 아니다. 그저 맨 앞에 앉아 선생님의 말씀 한 마디 한 마디를 귀로 듣고 가슴에 새기고 온몸으로 실천할 준비가 된 학생이다. 그리고 가장 가까운 곳에서 어릴 때부터 끊임없이 가르침의 잔소리를 주셨던 엄마의 말을 수시로 떠올렸다. 나처럼 배우고자 하는 분들과 함께 미래를 꿈꾸기 위해 이 책을 썼다. 사회생활을 시작한 지 얼마 안 된 분들에게는 옆에 앉아 내가 선생님에게 배운 것을 차분하게 알려주는 반장의 심정으로 썼다.

부자수업 1교시 종이 울린다.

2016년 가을
조민형

차례

조례시간 학교에서 배우지 못한 돈 공부 • 4

월요일 가난과 소비의 덫

언젠가는 부자가 된다고? • 15
지금보다 더 가난해질 수 있다 • 20
불편과 불행의 차이 • 22
소비의 가치, 나의 가치 • 27
내가 바로 호갱님 • 31
이유 없는 구매는 빚이다 • 37
신용카드 마법의 함정 • 42
Talk Together 1 | 금수저 VS 흙수저 계급론 • 50
족집게 과외 1 | 새는 돈을 잡아라 • 52
족집게 과외 2 | 가계부, 선택이 아닌 필수! • 56

화요일 대출과 보험의 함정

한 번도 살아보지 않은 1% 금리 시대 • 65
이자는 일요일에도 쉬지 않는다 • 71
보험 가입과 자동차 구매의 차이 • 77
보험사의 두 얼굴 • 81
나 좋으라고? 아니 너만 좋겠지! • 87
Talk Together 2 | 아무도 말해주지 않는 1+2 기능 • 92
족집게 과외 3 | 내 통장 사용설명서 • 94
족집게 과외 4 | 대출을 아껴 써라 • 97

수요일 투자의 유혹

주식 투자로 1억을 버는 방법 • 103
기업인이 단타매매를 하지 않는 이유 • 109
나라면 안 당한다? • 113
싼 건 반드시 이유가 있다 • 117
Talk Together 3 | 도박장에서 돈을 버는 건 도박장 주인뿐 • 122
족집게 과외 5 | 은행, 증권, 보험사별 상품 선택 요령 • 124

 목요일 새로 쓰는 인생시간표

여행 계획보다 못한 인생 계획 • 139
세상에 공짜는 없다 • 145
노후시간표 만들어보기 • 149
Talk Together 4 | 과거를 후회하지 않는 단 두 가지 방법 • 152
족집게 과외 6 | 몸값을 높이자 • 154
족집게 과외 7 | 배우자를 잘 만나자 • 157
족집게 과외 8 | 친구를 잘 사귀자 • 159

금요일 마무리 — 기회는 준비한 사람에게만 온다

시간이 별로 없다 • 163
위기에 찾아오는 기회를 잡아라 • 171

보충수업 돈 공부 현장 실습

결혼자금 준비 사례 • 187
학자금 대출상환 사례 • 192
과소비 조정 사례 • 196
주택 대출상환 사례 • 200
맞벌이에서 외벌이로 전환한 사례 • 204
자녀교육비 부부 갈등 사례 • 208
보험증권 분석 및 보험 조정 사례 • 211

종례시간 정신 바짝 차려야 가난에서 벗어난다 • 216

월요일

가난과 소비의 덫

언젠가는 부자가 된다고?

"지금 먹고사는 데는 별문제 없어요."

"이 정도면 아껴 쓰는 거예요. 빚이야 갚을 날이 있겠죠."

"미래의 행복을 위해 현재를 희생하고 싶지 않아요."

"남들도 다 이렇게 살지 않나요?"

"살다 보면 좋은 날이 오겠죠!"

재무 상담을 하면서 참 많은 고객을 만난다. 경제적으로 안정되어 있는 사람도 많지만 이대로 살아서는 안 되겠다는 절박한 심정으로 재무 상담을 신청하는 사람이 많다. 재무 상담을 하다 보면 그 사람의 인생관을 엿보게 된다. 각자 살아온 방식이나 일을 대하는 태도나 소비 패턴, 앞으로 인생을 어떻게 살아갈지에 대해서도 파악할 수 있게 된다.

많은 분들에게 상담을 해주는 입장이지만 실제로는 내가 배우는 것도 많다.

상담을 받는 분들은 한결같이 현재 경제적으로 부족하다고 느끼고, 그에 대한 대안을 전문가에게 도움을 받고자 한다. 그러면서도 경제적 안정의 진정한 의미에 대해서, 돈에 대해서, 지금의 소비 패턴에 대해서 품고 있는 생각을 좀처럼 바꾸려고 하지 않는다. 아주 조금만 개선해도 되는 분들은 오히려 더 많은 변화를 시도하지만, 정말 뼈를 깎는 고통을 감수해야 하는 분들이 소비 패턴 조정이나 저축을 늘려야 한다는 조언에 강하게 반발한다.

우리는 왜 부자가 되고 싶어하는 걸까?
막연하게 돈 많은 사람이 부러워서?
돈이 있으면 뭐든지 자유롭게 할 수 있을 것 같아서?
정말 그럴까?
무엇보다 우리는 살아가는 데 돈이 부족하면 어떤 어려움을 겪는지 잘 알고 있다. 당장 먹고사는 데 아무 문제가 없더라도 자기 집이 없으면 전세나 월세를 전전해야 하며, 자녀를 학원에 보낼 수 없다. 앞으로 10년 후, 20년 후 계획은커녕 1~2년 앞도 준비하지 못한다.

그런데 과연 우리가 부자가 되지 못하는, 아니 열심히 일해도 늘 모자라고 가난하다고 느끼는 것은 왜일까? 이제 우리나라는 금수저나 은수저를 물고 태어나지 않는 한, 부자가 될 방법은 그리 많지 않다. 더구나 끊임없이 성장할 줄 알았던 국가 경제가 저성장이 지속되고 경기 침체는 일상화되면서 횡재나 벼락부자가 될 가능성도 낮아졌다. 그럼에도 우리는 다음과 같은 생각을 매우 당연하게 여기면서 살고 있다.

1. 언젠가는 나도 부자가 될 수 있다.
2. 아직 부자가 되지 않았을 뿐, 돈 버는 일에만 제대로 매달리면 당연히 부자가 될 것이다.
3. 돈이 많으면 당연히 행복할 것이다.
4. 사고 싶은 것은 사야 하고, 먹고 싶은 것은 먹어야 한다.
5. 자식 교육에 투자하는 게 가장 남는 장사다.
6. 일을 많이 하는 사람이 돈을 많이 번다.
7. 내가 일하는 가장 큰 이유는 돈 때문이다.

8 나는 종자돈만 있으면 투자로 얼마든지 돈을 불릴 수 있다.

9 언젠가 한 번은 당첨되겠지 하면서 매주 로또를 산다.

10 보이지 않는 미래를 위해 오늘의 즐거움을 포기하고 싶지 않다.

당신의 생각은 어떤가?

누구나 한번쯤은 생각해보고 때로는 자신에게 주문을 걸거나 스스로 위로를 건네는 다짐일지 모른다. 우리의 삶이 돈과 떼려야 뗄 수 없는 사이인 것은 어린아이도 안다. 돈이 있으면 할 수 있는 것이 많다는 사실을 모르는 사람은 없다. 그런데 나는 이토록 간절하게 돈을 원하고 돈을 좇아다니는데, 돈은 왜 항상 나한테서 멀어지기만 하는 것일까?

어떤 학자는 만족에 대한 공식을 이렇게 정의했다.

만족 = 가진 것 ÷ 욕구.

만족이 커지려면 욕구를 줄이거나 가진 것을 늘려야 한다. 하지만 자본주의 시대는 욕구가 줄어드는 것을 쉽게 용납하지 않는다. 즉 가진 것을 늘리는 것이 자신을 만족시키는 유일한 방법이라고 끊임없이 속삭인다.

과연 가진 것을 늘리면 만족하게 될까? 월수입이 300만 원인 사람에게 이런 질문을 해보자.

"월 500만 원을 번다면 만족하겠습니까?"

대부분 만족한다고 대답할 것이다. 하지만 다른 사람들은 월 1000만 원을 벌고 있다면? 대답은 달라질 것이다.

또 이런 질문을 해보자.

"월 200만 원을 번다면 만족하겠습니까?"

대부분 불만족스럽다고 대답할 것이다. 하지만 다른 사람들은 월 100만 원씩 번다면? 역시 대답은 달라질 것이다.

당신은 만족의 기준을 어디에 두고 있는가. 내가 가진 것에 대한 절대적 크기보다 남보다 얼마나 더 가졌나 하는 상대적인 크기가 만족의 기준이 되고 있지는 않은가. 우리가 전혀 의식하지 못한 사이에 기준이 바뀌어버렸다.

지금보다
더 가난해질 수 있다

앞에서 언급한 부에 대해 누구나 가지고 있는 생각을 조금 냉정하게 정리해보자!

1. 지금보다 더 가난해질 수 있다.
2. 아직 가난하다고 느끼지 못할 뿐, 아무리 뼈 빠지게 일해도 가난에서 벗어나지 못할 수 있다.
3. 돈을 적게 가져도 행복할 수 있다.
4. 꼭 필요한 것만 사거나 먹어도 문제는 없다.

5 자식 교육에 올인하면 나의 노후는 없다.

6 평생 할 수 있는 일이 있어야 한다.

7 돈 때문에 일하면 돈 때문에 일을 그만두게 된다.

8 투자는 아무나 하는 게 아니다.

9 로또 살 돈도 쌓이면 큰돈이 된다.

10 오늘도 행복하고 내일도 행복해야 한다.

버는 것을 늘려서 부자가 되기는 쉽지 않다. 돈을 아껴 써서 부자가 되는 것도 쉽지 않다. 그렇기 때문에 우리는 먼저 부에 대한 생각, 돈에 대한 생각을 바꿔야 한다. 그래서 막연한 기대가 아니라 현실적인 준비를 해야 한다. 그렇지 않으면 언젠가 부자가 되기는커녕 지금보다 더 가난해질 수도 있다. 이것이 바로 우리가 살고 있는 현실이다.

불편과 불행의 차이

프랑스 대통령을 지냈던 조르주 퐁피두는 중산층의 삶을 이렇게 정의했다.

- 외국어를 하나 이상 할 수 있다.
- 즐기는 스포츠가 하나 이상 있다.
- 악기를 다룰 줄 안다.
- 나만의 요리를 만들 줄 안다.
- 공분에 의연히 동참할 줄 안다.
- 약자를 도우며 봉사활동을 꾸준히 한다.

미국의 공립학교에서는 중산층에 속하는 사람들의 공통점을 이렇게 꼽았다.

- 자신의 주장에 떳떳하다.
- 사회적 약자를 돕는다.
- 부정과 불법에 저항한다.
- 정기적으로 구독하는 비평지가 있다.

우리나라에서도 직장인들에게 중산층 기준에 대한 설문조사를 했다.

- 부채 없이 30평 이상 아파트 소유
- 월급 500만 원 이상
- 2000cc급 이상의 승용차 소유
- 예금 1억 원 이상
- 해외여행 연 1회 이상

-《그 많은 돈은 다 어디로 갔을까?》(라의형 지음) 중에서

중산층에 대한 기준이 이렇게나 다르다.
프랑스나 미국이 단순히 선진국이기 때문일까? 그런 것 같지는

않다. 우리는 너무 돈을 기준으로 행복을 재고 있다는 생각이 든다.

"수학을 배웠으면 분수를 알고, 국어를 배웠으면 주제를 알아야지."

몇 년 전 TV 채널을 돌리다 우연히 들었던 시트콤 대사다. 그때는 깔깔거리며 넘겼지만 아직도 뇌리 속에 선명하게 남아 있다. 언뜻 들으면 기분 나쁠 수도 있지만, 요즘은 저 대사처럼 살지 못해서 많은 문제가 나타나는 듯하다. 하우스푸어, 에듀푸어, 카푸어 등의 신조어까지 등장했으니 말이다(하우스푸어는 대출을 받아 집을 산 뒤 대출원금과 이자 부담 때문에 힘들게 사는 사람, 에듀푸어는 수입에 비해 교육비 지출을 많이 하면서 빈곤하게 사는 사람, 카푸어는 수입에 비해 비싼 고급차를 타고 다니는 사람을 말한다).

요즘은 여행으로 인한 푸어도 많다. 불황 속에서도 해외여행객 수는 매년 사상 최고치를 기록하고 있다. 젊은 사람들 대부분이 휴가철엔 가까운 동남아라도 다녀오고 싶다고 말한다. 심지어 대출로 인한 채권추심 중에도 해외여행을 가는 사람이 많다. '여행은 다리 떨릴 때 말고 가슴 떨릴 때 가야 한다'라는 말이 있지만, 뭐든지 내 상황과 분수에 맞지 않으면 인생 전체가 떨릴 수 있다.

2014년 청춘 페스티벌에서 한 여가수의 강연이 화제가 되었다. 요약하면 이렇다.

"늙어서 잘살려고 오늘 먹고 싶은 아이스 아메리카노를 왜 참아야 하죠? 먹고 싶은 것이 있으면 오늘 드시고요. 가고 싶은 곳이 있으면 오늘 가세요. 여러분, 진짜 저금 많이 하지 마세요. 먹고 싶은 거 먹어야 해요. 언제 올지 모르는 미래 때문에 힘들게 살지 말아요. 오늘이 가장 중요하고 가장 소중한 날이니까요, 내일보다도 더."

높은 실업률과 구직난에 지친 젊은이들이 공감했던 강연이다.

충분히 이해한다.

하지만 그렇게 살면 정말 행복해질까?

올지 안 올지 모르는 미래를 과감히 포기하고, 오늘의 즐거움만을 추구하며 소비하는 것이 맞을까? 내일이 올 확률이 높을까, 안 올 확률이 높을까?

만약 주머니가 가벼운 상황에서 그 올지 안 올지 모르던 내일이 와버렸다면 어떻게 해야 할까?

나중에 나이 들어 돈이 없어 라면으로 끼니를 때워야 할 때 "그래, 젊었을 때 맛있는 거 많이 먹고, 해외여행도 많이 다녔으니 다행이야. 그때의 즐거웠던 추억을 회상하면서 살면 되지" 하면서 행복해할까?

20~30대에 30만 원이 없으면 '불편'하지만, 50대 이후에 30만

원이 없으면 '불행'해진다. 20~30대의 '여가생활비' 30만 원이, 50대 이후에는 생존을 위한 '식비'가 될 수 있다.

"엄마는 돈 쓸 줄 몰라서 안 쓰는 줄 아니?"

내가 뭐 하나 새로 사기만 하면 엄마가 하신 잔소리다. 이 말 속에 진리가 숨어 있다. 내키는 대로 마냥 쓰다가는 절대 지금의 가난에서 벗어날 수 없다.

소비의 가치, 나의 가치

"내가 화투, 화투가 나인 물아일체의 경지. 혼이 담긴 구라. 그게 바로 나지."

영화 〈타짜〉에 나오는 대사다.

한 분야에서 성공하려면 물아일체의 경지에 올라야 한다. 그러나 물아일체가 될 대상이 소비라면 곤란하다.

명품이 나, 내가 명품인 물아일체의 경지. 혼이 담긴 '결제'가 나의 정체성이 되어버렸다면 이미 소비의 덫에 걸린 것이다.

LPG를 연료로 하는 자동차는 장애인이나 국가유공자 등 특별한 조건에 해당하는 사람만 구매할 수 있다. 하지만 LPG 경차는 일반인도 구매할 수 있다. 또한 경차를 구매하면 연 10만 원 한도에서 유류세 환급을 받을 수 있다.

나는 LPG 경차를 타는데, 최근 기준으로 계산해보니, 복합연비로 6500원에 100킬로미터를 거뜬히 달릴 수 있다(자동차를 소유한 독자라면 이게 얼마나 대단한 연비인지 알 것이다).

오랜만에 연락이 닿은 지인을 만났다. 약속 장소까지 자동차를 운전해서 갔는데, 내 차를 본 지인이 대뜸 한마디를 날렸다.

"차부터 좀 바꿔야겠다, 너."

경차라 창피하지 않냐는 소리였다. 차를 뽑은 지 6개월도 안 된 때라 외관이 낡은 것도 아니었다. 이유야 어쨌든, 지인은 내가 소유한 경차와 나를 동일시했다. 저렴한 차를 타고 다니니 너도 저렴해 보인다, 이런 뜻이었을까? 외제차를 타고 다니면 내 통장 잔고와 상관없이 나를 비싸게 봐줄지 무척 궁금하다.

내가 경차를 구입한 가장 큰 이유는 연료비가 적게 들기 때문이다. 웬만한 준중형 자동차보다도 30% 이상 연료비를 절감할 수 있다. 연 비용으로 따져보면 가솔린 준중형 자동차보다 약 200만 원 가까이 아끼는 셈이다. 일반 신입사원 한 달치 급여다.

개인의 소비에서 큰 비중을 차지하는 것 중 하나가 남성은 차,

여성은 명품 가방이라고 한다. 자동차나 명품 가방은 단순히 기능성만을 고려해서 구매하지 않는다. 디자인, 실용성 등 중요하게 여기는 점이 개인마다 많이 다르다. 하지만 소비를 할 때 자신만의 가격 가이드라인이 있다면 좀 더 현명한 선택을 할 수 있지 않을까(가격 가이드라인 안에서 가성비가 좋은 상품을 찾는 것은 굉장한 능력이다).

예를 들어 자동차의 경우 연봉의 50% 이내, 명품 가방의 경우 월급의 50% 이내를 가격 가이드라인으로 설정해두는 것이다. 연봉이 3000만 원이라면 자동차는 1500만 원 수준, 월급이 200만 원이라면 가방은 100만 원 수준을 넘지 않도록 한다(그렇다고 매달 100만 원짜리 가방을 사도 된다는 뜻이 절대 아니다. 자기만의 가이드라인을 정하는 게 중요하다).

한 유명 아이돌그룹 멤버 한 명이 부동산 관련 투자로 20억 원을 사기당했다는 기사를 읽었다.

'20억 원을 모았다면 더는 투자하지 않아도 될 것 같은데, 왜 그렇게 욕심을 부릴까'라는 생각이 들었다. 그러다가 예전 회사 대표님이 지나가는 말처럼 했던 말이 떠올랐다.

"90억까지는 만들었는데, 100억이 참 힘드네."

아마 100억을 만들고 나면 다시 150억, 200억을 만들고 싶어할 것이다. 사람의 욕심은 커지기는 쉬워도 줄어들기는 매우 어렵다. 그 욕심을 다 채우며 살기는 더더욱 어렵다. 현재에 만족하며 사는 게 가능하기나 할까?

그런데 우리와 가장 가까운 곳에 끝이 없을 것 같은 만족을 체험한 분이 계신다. 그분에게 무엇을 얼마나 더 가져야 만족할 수 있느냐고 물으면 정답을 알려주실 것이다.
"너 낳을 땐 세상을 다 얻은 기분이었어."
나만 몰랐던 비밀. 엄마는 나를 얻을 때 세상을 다 가진 기분이었다. 외제차나 가방이 아닌 바로 내가 명품이었다. 엄마의 가치 기준을 상기하자!

내가 바로 호갱님

1 갑자기 비가 쏟아진다. 아무래도 잠깐 지나가는 소나기 같지는 않다. 얼른 편의점에 들어가서 5000원짜리 우산을 산다. 포장을 뜯기 전인데, 그 사이 비가 그쳤다.

2 대형 가전매장을 방문했다. 큰맘 먹고 200만 원짜리 TV를 구입했다. 다음 날 배송된다고 한다. 새 TV로 영화 볼 생각을 하니 설렌다. 기쁜 마음으로 집에 가던 중 10분 거리에 떨어져 있는 매장에서 똑같은 TV를 1만 원 싸게 팔고 있다.

이런 상황에서 우리는 어떤 선택을 할까?

대부분 우산은 바로 환불하면 안 되겠냐고 물어볼 가능성이 높다. 비는 그쳤고, 우산은 집에 많기 때문이다. 하지만 TV는 살짝 아쉽지만 환불하지 않을 가능성이 높다. 단순하게 생각하면 우산은 5000원을 쓰는 것이고, TV는 1만 원 더 비싸게 사는 것이다. 그런데 우산을 사서 5000원을 쓰는 것은 손해라고 생각하지만, TV를 사느라 1만 원을 더 쓴 것은 큰 손해라고 생각하지 않는다. 1만 원은 TV 가격에 비하면 200분의 1밖에 안 되는 금액이기 때문이다. 더구나 환불하고 새로 사는 것도 번거롭기 때문에 1만 원 정도는 포기해도 된다고 생각한다.

나는 피부가 극건성이라 특정 브랜드의 특정 로션만 사용한다. 로션을 다 써서 같은 제품을 사기 위해 매장에 가서 하나를 구입했다. 그런데 3일 후 같은 화장품을 50%나 할인한다는 소식을 들었다. 할인 기간을 놓치면 안 될 것 같아 로션을 3개나 더 구입했다.

과연 현명한 선택이었을까? 안타깝게도 1개는 쓰지도 못한 채 유통 기한이 지나버리고 말았다. 나중에 알고 보니, 그 화장품은 정기적으로 50% 할인 기간을 두고 있었다. '할인'이라는 단어를 전략적으로 사용하는 화장품 회사의 마케팅에 보기 좋게 당한 것이다.

기업들은 절대 손해 보는 장사를 하지 않는다. 할인 가격에 판매해도 이익이 남으니까 그렇게 한다.

그렇다면 왜 할인하지 않는 기간도 있는 것일까? 그래야 할인의 효과를 극대화할 수 있기 때문이다. 소비자는 할인 기회를 놓치지 않으려고 마음이 조급해진다. 할인 기간에 잔뜩 사두어야 한다는 생각에 평소 사용하던 양보다 더 많이 구매한다. 또 당장 필요하지 않은 물건인데도 할인이라고 하면 일단 사고 보는 경우도 많다.

3만 원짜리 옷에 9900원이라는 할인 가격이 적혀 있다면 누구라도 발길을 한 번쯤 멈추게 된다. 결국 그 옷을 구매하고야 만다. 나중에 누군가 "왜 샀어?"라고 물어보면 분명 "싸니까"라고 대답할 것이다. 하지만 우리의 뇌 속에는 그것보다 좀 더 복잡한 무의식의 '전쟁'이 일어난다.

3만 원짜리 옷을 9900원에 구매하면 단순히 싸다는 생각보다 2만 100원을 이득 본다는 무의식적인 작용이 일어난다.

이득보다 손실을 더 두려워하는 소비자들의 심리를 기업들은 매우 치밀하고 철저하게 이용한다는 사실을 기억하자.

위와 같은 상황에서 옷을 구매하지 않으면 2만 100원을 손해 본다는 생각이 무의식적으로 작용한다는 것이다.

두 가지 상황이 있다고 생각해보자.

1 길을 가다가 100만 원을 주웠다.
2 길을 가다가 100만 원을 잃어버렸다.

대부분의 사람들은 1번의 행운을 누리는 것보다 2번의 상황을 피하고 싶다는 생각이 더 강하다.

노벨경제학상을 수상한 심리학자인 대니얼 커너먼 교수의 연구에 따르면 손실은 이득보다 2.5배나 더 큰 영향을 미친다고 한다. 이를 심리학에서는 '손실 혐오'라고 한다. 결국 필요하지 않은데 단지 할인한다는 이유로 9900원짜리 옷을 샀다면, 그냥 9900원이 지갑에서 사라진 것이다.

이처럼 기업들의 할인 마케팅은 무의식적으로 우리의 뇌를 자극 또는 착각하게 해서 돈을 쓰게 하는 기업들의 고도의 전략이다.

1개에 1000원 하는 편의점 커피. 2개 사면 1500원.

이런 경우 사람들은 대부분 2개를 산다. 그렇게 하면 커피를 개당 1000원이 아닌 750원에 구매하는 셈이니까. 이처럼 1+1은 '귀여운 가격'으로 지갑을 유혹한다.

1개는 집에 가는 길에 먹고, 나머지 1개는 냉장고에 넣어둔다. 샤워 후 저녁을 먹고 물을 마시려고 냉장고 문을 열자 750원짜리 '귀요미'가 날 쳐다본다. 꺼내 마신다.

사실 냉장고 속의 '+1' 귀요미는 커피가 정말 생각나는 순간을 위해 그 자리에 있어야 한다. 하지만 평소라면 먹지 않았을 텐데, 마침 냉장고 속에 있으니 꺼내 마시게 된다.

숫자로만 접근하면 분명 싸게 산 게 맞다. 그러나 견물생심(見物生心)이라고, 눈에 보이면 없던 마음이 생기는 것이 인지상정이다. 결국 1000원만 지출하면 되는 것을 1500원을 지출했으니, 원래의 계획보다 500원 더 써버린 셈이다.

대형 마트에 가도 마찬가지다. 특히 1+1이면 개당 가격이 더 저렴하다고 생각해서 구매한다. 하지만 나머지 '귀요미'는 유통기한이 지나 쓰레기통으로 들어갈 가능성이 높다. 냉동실에서 묵히다가 1년 뒤에야 발견되기도 한다. 이런 식으로 우리는 얼마나 많은 돈을 버리고 있는 걸까.

백화점에서도 1+1의 응용 전략이 대세다.

'20만 원 이상 구매 시 1만 원 상품권 증정'이라는 문구가 소비자들을 유혹한다.

분명 내가 사려는 물건의 가격은 15만 원이지만, 1만 원 상품권을 받기 위해 필요하지 않은 물건을 더 사서 20만 원을 채우고야 만다. 그 1만 원짜리 상품권은 현금이 아니라서 저축할 수도 없다. 어쩔 수 없이 그 상품권은 또다시 그 백화점에서 써야 한다. 결국 내 지갑은 15만 원이 아닌 20만 원의 무게만큼 가벼워진다.

자, 우리는 이러한 상황에서도 주문을 외어야 한다.
"엄마는 과연 싼 물건이라고 무조건 살까?"
이쯤에서 이 질문에 대답을 하는 건 참 애매하다. 분명 옛날 엄마들은 잘 안 산다. 그런데 어린 시절부터 수많은 소비 유혹에 노출되어왔고 실제로 그런 소비를 하는 게 습관이 되어버린 요즘 엄마들은 무엇이든 즉각적으로 사는 데 익숙하다.

요즘은 과거에 비하면 모든 것이 풍요로운 시대다. 하지만 살아내기는 녹록하지 않다. 과거에 엄마들이 물건을 구입할 때 어떤 생각을 먼저 했을까를 먼저 떠올려보는 것은 소비를 하기 전에 가져야 하는 좋은 습관이다.

이유 없는 구매는 빚이다

이러한 경험이 있는가?

- TV 홈쇼핑의 쇼호스트가 마침 사고 싶었던 물건을 소개하면서 "어쩌죠? 곧 매진될 것 같습니다"라고 하고, '매진 임박'이라는 글자가 빠르게 깜빡거리면, 나도 모르게 심장 박동이 빨라지면서 전화기를 든다.
- 스트레스를 받거나 우울할 때 무언가를 산다.
- 카드로 물건을 구매할 때 '무이자 할부'가 붙어 있으면 일시

불 대신 할부를 선택한다.
- 돈을 쓸 때 현금보다 카드를 주로 쓴다.
- 카드명세서를 보고 지난달에 쓴 금액이 생각보다 많아서 당황한 적이 있다.
- 전기밥솥, 믹서, 휴대전화, 오디오 등을 한참 쓰다가 고장이 났다. 나는 고쳐 쓰고 싶은데 AS센터 직원이 부품 값이 비싸니 새로 사는 게 낫다고 권한다. 결국 새 제품을 구매한다.
- 화장품 방문판매를 하는 세일즈맨을 만났는데, "송혜교와 전지현도 이 제품을 써요"라는 말에 저절로 지갑을 연다.

사람은 이성적이지 않다. 스스로 이성적인 판단을 하고 행동한다고 생각하지만 실제로는 그렇지 않다. 소비할 때도 마찬가지다. 내게 꼭 필요한 물건인지를 따져보기 전에 일단 사고 싶다는 생각이 들면 멈추지 못한다. 사람을 좋아할 때도 마찬가지다. 그 사람이 좋은 이유를 수없이 열거하지만 그것은 일종의 근거를 찾는 것일 뿐 대부분은 특별한 이유가 없다. 한마디로 그냥 좋은 것이다.

심리학자들이 쓴 책을 보면 한결같이 전제하는 말이 있다. 바로 '인간은 이성보다 감성이나 감정의 지배를 더 많이 받는다'는 사실이다.

〈응답하라 1988〉이라는 드라마에서 큰아들의 주택복권 당첨으로 갑자기 부자가 된 가정이 있다. 김성균과 라미란이 부부로 나오는데, 말 그대로 벼락부자가 된 만큼 재미있는 에피소드도 많다. 하루는 라미란이 접촉불량으로 고장 난 다리미를 고치려고 수리 기사를 부르려고 한다. 하지만 남편은 자신이 직접 고쳐보겠다고 했고, 고치다 보니 선이 점점 짧아져 제대로 다리미질을 할 수 없게 되었다. 결국 라미란에게 타박만 받는다. 그런데 김성균은 골드스타(지금의 LG전자) 대리점을 운영하는 사장이었다. 전자제품 대리점 사장이 고장 난 다리미를 직접 고쳐 쓴다? 조금 찌질해 보인다. 아마 어려운 시절을 겪다 보니 고쳐 쓰는 게 몸에 밴 것 아닐까? 불과 10~20년 전만 해도 우리는 물건이 낡거나 고장 나면 바로 버리지 않았다. 구멍 난 양말도 기워 신었고, 고장 난 가전제품은 당연히 고쳐 쓰곤 했다. 그런 습관이 우리 부모님 세대에는 당연했다.

만일 요즘 다리미 선이 끊어졌다면 어떨까? 당연히 우리는 버리고 새것을 산다. '새 다리미 가격 3만 원 vs 고장 난 다리미 수리비 1만 원'이라면 우리는 어떤 선택을 할까?

수리해서 쓰면 2만 원이나 이익을 보는 셈인데도 굳이 새것을 산다. 10년, 20년을 쓴 물건도 아닌데 새것에 먼저 마음이 간다.

TV를 켜면 매일매일 새로운 제품들이 쏟아져 나온다. 전자제품은 1년만 지나도 구식이 되고 촌스러워 보인다. 홈쇼핑과 인터넷에서는 날마다 많은 제품들이 새롭게 우리를 유혹한다.

우리는 정말 꼭 필요한, 없어서는 안 될 것들만 구입하고 있는가?

10여 년 전 한 카드회사의 TV 광고에 유명 여배우가 나와서 "여러분, 부자 되세요!" 하고 외쳤다.

나는 참 아이러니하다고 생각했다. 신용카드 회사가 소비자들에게 부자가 되라니. 카드를 많이 쓰면 부자가 될까? 아닌 줄 다 안다. 그런데도 그 광고를 보고 있으면 그 회사는 정말로 소비자들이 부자가 되기를 바라는 것 같다. 지금도 여전히 각종 신용카드 회사의 광고는 사람들의 소비 심리를 자극한다. 신용카드는 정말 편리할 뿐만 아니라 우리의 삶을 윤택하게 해줄 것만 같다. 그런데 그게 다 빚이라는 사실을 광고를 보는 순간에는 잊고 만다.

소비를 부추기는 유혹은 일상생활 곳곳에 도사리고 있다. 왜 사야 하는지, 꼭 필요한지 미처 생각해보기도 전에 우리의 이성을 마비시킨 후 사게 만든다.

그런데 언제까지 우리는 이런 유혹에 휘둘리면서 돈이 없음을 한탄만 하고 살아야 할까?

　홈쇼핑에서 주문하기 전에, 인터넷 쇼핑을 하기 전에, 대형 마트에서 카트에 물건을 담기 전에 속으로 엄마를 불러보자. 그리고 엄마에게 물어보자!
　"엄마라면 살 거예요?"

신용카드
마법의 함정

1 : 1.585.

이게 뭘까? 우리 지갑 속에 적어도 하나, 많게는 대여섯 개씩 꽂혀 있는 물건의 가로 세로 비율이다.

바로 신용카드다.

예전에는 친구들끼리 만나면 누가 특별한 일로 한턱을 내지 않는 한 각자 얼마씩 내서 밥값이나 술값을 계산하곤 했다. 인원수 대로 나누기도 하고, 여유가 있는 친구가 조금 더 내기도 했다. 그런데 요즘은 각자 얼마씩 걷으려고 하면, "어쩌지? 지금 현금이 없는데! 걷은 돈 이리 줘봐. 내 카드로 계산할게" 하는 친구가 꼭 있다. 현금 2~3만 원도 가지고 다니지 않는 사람들이 확실히 늘었다. 은행에 가서 현금을 찾는 게 귀찮기도 하고, 요즘은 웬만한 은행 업무는 거의 인터넷뱅킹을 이용하다 보니 실제로 현금을 쓸 일이 그리 많지 않다. 그러다 보니 만 원 이하의 작은 지출도 카드로 쓰곤 한다.

예를 들어 5명의 친구들이 마신 술값이 10만 원 나왔다고 치자. 이때 친구 4명이 2만 원씩 내서 모은 돈 8만 원과 자신의 몫을 합해서 카드로 계산한 친구는 걷은 돈 8만 원을 카드 결제대금으로 썼을까? 자신의 몫 2만 원을 제외한 8만 원은 은행에서 빌린 것과 같다. 그러니 8만 원은 카드회사에 갚아야 하는 돈이다. 그런데 카드 결제일이 아직 한 달이나 남아 있다. 결국 8만 원은 흐지부지 쓰고 말 가능성이 매우 높다.

신기하게도 신용카드를 만들고 사용하는 첫 달은 아무 걱정이 없다. 아무리 긁어도 통장에서 돈이 빠져나가지 않는다. 그렇게 한 달 동안 긁다 보면 자연스레 소비의 덫에 걸려든다. 우리는 덫에 걸리고 늪에 빠지기 시작한다. 카드회사가 쳐놓은 덫과 소비를 조장하는 대기업이 쳐놓은 늪에…….

이제 한 달이 지나면 통장에서 돈이 사라지기 시작한다. 지난

달 사용한 신용카드 대금이 빠져나갔기 때문이다. 통장에 돈이 없는데 한 달 동안 어떻게 하지? 어쩔 수 없이 다시 신용카드로 다음 달 월급을 당겨쓴다. 그리고 이런 패턴을 반복한다.

사실 필요한 만큼의 소비를 신용카드로 결제하는 것은 문제가 되지 않는다. 문제는 수입이나 월급보다 더 많이 쓰는 과소비, 즉 초과 지출이다. 체크카드나 현금을 쓰면 초과 지출 문제가 생길 리 없는데 왜! 신용카드만 쓰면 생기는 걸까?

첫째, 신용카드는 잔액이 아닌 사용 금액이 휴대전화 문자로 온다. 예전에는 누적된 금액이 아니라 바로 직전에 사용한 내역만 통보되었다. 그러다가 신용카드 과도 사용으로 인해 많은 문제가 발생하자 누적된 사용 금액을 알려주기 시작했다.

체크카드를 사용하면 결제 후 통장에 남은 잔액이 문자로 온다. 예를 들어 100만 원이 통장에 있고 1만 원짜리 물건을 구매하면 통장 잔액은 99만 원이라는 내용의 문자가 도착한다. 체크카드를 사용할 때마다 50만 원, 40만 원, 30만 원…… 이런 식으로 통장 잔액이 문자로 통보되기 때문에 '얼마 안 남았구나. 월급날까지는 아껴 써야지' 하는 생각이 든다.

하지만 신용카드는 그와 반대다. 잔액이 아닌 사용 금액을 알려준다. 30만 원, 40만 원, 50만 원…… 이런 식으로. 사용 금액이 100만 원 단위가 넘어가면 몇 만 원 단위의 소비는 피부에 잘 와 닿지 않는 것이 문제다. 101만 원, 103만 원, 107만 원…….

"잔액은 1만 원입니다"와 "사용액은 101만 원입니다", 둘 중 어느 문구의 1만 원이 더 크게 느껴지는가? 같은 1만 원인데 전혀 다른 느낌을 준다. 소비에 대한 자기통제 기능을 둔감하게 만들어버리는 것이 바로 신용카드다.

둘째, 지갑에서 현금이 사라지는 상실감이, 신용카드를 긁을 때의 상실감보다 크다.

예를 들어 500원짜리 껌을 사고 싶은데 지갑에 현금 1만 원이 있다. 대부분의 사람들은 '껌을 사지 말아야지' 하는 마음이 생긴다.

왜 그럴까? 그 이유는 이렇다.

1 잔돈을 주머니에 넣고 다니는 것이 귀찮고,

2 만 원 단위의 돈이 1000원 단위의 돈으로 쪼개지는 것이 싫고,

3 지갑 속의 현금이 사라지면 뭔가를 잃었다는 상실감이 생긴다.

하지만 신용카드로 500원을 결제하는 것은 크게 개의치 않는다. 걸을 때마다 주머니에서 잔돈이 짤랑거릴 일도 없고, 결제와 동시에 날아오는 신용카드 사용액이 500원 더 늘어났다는 문자는 그야말로 껌값이라 생각한다. 요즘은 500원짜리 껌도 없지만.

셋째, 할인 혜택이다.

신용카드를 사용하면 다양한 혜택이 따라온다. 포인트 적립에서 각종 할인 혜택까지 그 종류는 수없이 많다. 커피숍 10% 할인, 대형 마트 5% 할인, 주유소 4% 할인, 온라인 쇼핑몰 7% 할인, 외식업체 10% 할인, 영화관 10% 할인 등등…….

어차피 자동차 주유도 주기적으로 해야 하고, 생필품을 사기 위해 마트에도 가야 하니까 기왕이면 할인 혜택을 누리자는 생각으로 신용카드를 발급받는다. 자, 그럼 혜택을 많이 주는 신용카드를 잘 선택하면 과연 통장 잔고가 더 늘어날까?

신용카드 혜택 목록을 자세히 살펴보면 카드회사의 기가 막힌 전략이 숨어 있다. 필수 지출 항목과 선택 지출 항목의 할인 혜택을 섞어놓았다. 주유소, 대형 마트 같은 필수 지출 사이에 커피숍, 외식업체, 영화관 같은 선택적인 지출 항목의 혜택을 끼워넣은 것이다.

필수 지출 항목이 아닌데도 내 신용카드만 10% 할인을 제공

한다는 외식업체를 그냥 지나가면 왠지 손해 보는 느낌이 든다. 4000원 할인된다는 영화를 보지 않으면 4000원을 손해 보는 것 같다. 내 신용카드로는 대형 마트 10% 할인일 때 5만 원어치 장을 보면 5000원, 10만 원어치 장을 보면 1만 원 이득이라는 느낌이 든다. 더 많이 살수록 혜택을 보는 것 같다.

여기서 계속 등장하는 단어가 있다. 바로 '느낌'이다. 이성보다 감성에 가까운 단어다. 앞서 말했듯이, 소비는 이성보다 감성이 주도한다. 기업들은 이 소비 심리를 이용해서 끊임없이 우리에게 카드를 사용하라고 부추긴다.

넷째, 할부 기능이다.

입사 1년차. 월급 200만 원. 그동안 모은 돈 1000만 원.

지옥철로 출근하는 건 이제 질색. 그래, 차가 필요하다. 어떤 차가 좋을까? 경차? 경차는 창피하다. 그럼 소형차? 이것도 성에 안 찬다. 중형차? 이건 좀 과한 것 같기도 하고…….

"야, 한 번 사면 몇 년은 타고 다닐 건데 그냥 외제차 질러."

술자리에서 친구가 해준 조언이 안주보다 당긴다. BMW? 벤츠? 어떤 게 더 있어 보일까? 에이, 외제차는 너무 과한 거 아닐까?

"시승 한번 해보시겠어요?"

외제차 딜러의 제안에 '그래, 까짓것 돈 내는 것도 아닌데 한번 시승해보자'라는 생각이 든다.

"다른 차들이 알아서 피하는 거 보이시죠, 고객님?"

"아, 네. 근데 가격이 너무 부담스럽네요. 6000만 원이면……."

"고객님, 외제차는 돈으로 사는 게 아닙니다. '용기'로 사는 거예요."

딜러의 말에 순간 '훅'한다.

할부라는 마법에 걸려 6000만 원의 '용기'가 결제되었다. 매달 100만 원씩 5년. 월급 200만 원으로 외제차를 샀는데 매달 100만 원이나 남는 이런 놀라운 마법이!

남은 100만 원이면 생활비로 충분하겠지. 한 달에 식비 30만 원, 월세 30만 원, 휴대전화 요금 10만 원, 주유비 20만 원. 자동차 보험료 10만 원. 딱이네! 1000만 원 모아둔 돈으로 유럽 한 번 다녀와서 새 출발한다는 마음으로 열심히 일하자!

결국 입사 5년차인데도 자동차라는 용기만 남아 있는 현실. 카푸어의 실상이다.

이처럼 할부는 소비의 개념을 완전히 바꾸어놓았다. 물건 가격만큼의 돈이 있을 때에만 갖고 싶은 물건을 내 것으로 만들 수 있다는 기존의 패러다임을 뒤흔들어놓은 카드 할부. 아무리 비싼 물건이라도 지금 바로 내 것으로 만들 수 있는 마법의 기능. 단, 미래의 월급이 할부 기간 동안 담보로 잡힌다는 것이 이 마법의 함정이다.

이러한 신용카드의 내 편인 듯 내 편 아닌, 내 편 같은 기능 속에서 나를 지키는 방법은 없을까?

나의 소비 뇌구조를 감성에서 이성으로 단 1초 만에 완전 무장시킬 수 있는 간단한 주문이 있다.

"엄마는 현금이 없을 때, 그 물건을 살까?"

Talk Together ①

금수저 VS 흙수저 계급론

금수저 vs 흙수저 이야기가 각종 매스컴 및 온라인 포털사이트에서 화제가 된 적이 있다. 부모가 가진 재산 정도에 따라 태어날 때부터 삶의 질이 이미 정해져 있다는 말을 수저의 색깔에 비유한 말이다. 부모의 재산 정도에 따라 분류한 수저의 계급은 다음과 같다.

- 금수저는 내가 소득생활을 하지 않아도 부모의 재산 덕분에 살아가는 데 지장이 없는 사람
- 흙수저는 내가 소득생활을 하지 않으면 삶의 지속이 불가능한 사람

자본주의 사회에서 과거의 계급사회와 비슷한 출신성분을 따지는 말이기도 하고, 태어날 때부터 가난한 사람은 아무리 노력해도 경제적 안정과 성공을 이루기 어렵게 된 현재의 대한민국 상황을 빗댄 표현이기도 하다. 고도성장기에는 개천에서 용이 날 수도 있었고, 가난한 사람이 부자가 될 가능성이 많았지만, 이제는 그럴 가능성이 매우 낮아졌다는 것을 의미하기도 한다. 한편으로는 흙수저로 태어난 사람은 금수저로 태어난 사람을 절대 따라잡을 수 없다는 청년들의 절망감을 표현한 말이다.

하지만 정말 흙수저라서 아무것도 할 수 없는 것일까? 금수저를 물고 태어난 사람을 부러워하면서 이대로만 살아야 하나? 나에게 흙수저를 물려준 부

모님을 원망하면서 살 것인가? 나를 키우느라 노후 대비도 못한 부모님에게 감사는 못할망정 말이다.

현재 대한민국 사회 구조에서 갑자기 큰 부자가 되거나 순식간에 성공하는 것이 쉽지 않은 것은 사실이다. 아마 앞으로 더더욱 힘들어질지도 모른다.

하지만 나는 여기서 더 이상 금수저 vs 흙수저 이야기가 젊은이들의 희망을 꺾어버리지 않기를 바란다. 또한 금수저가 아니라고 절망하고 자신의 현재 상황을 변명하지 않기를 바란다.

물론 사회 구조를 갑자기 바꾸는 것은 쉽지 않다. 갑자기 취업이 잘되고, 모든 젊은이들에게 기회를 폭넓게 제공하는 사회가 될 가능성도 매우 낮다.

그렇다고 절망만 하고, 사회를 원망하고, 기성세대를 비난하면서 인생을 살아갈 것인가? 사회 구조를 탓하고, 변명만 하면서 계속 가난한 삶을 지속할 것인가?

그럴 시간에 살 길을 찾아야 한다. 돈을 벌 길을 찾아야 하고, 살아남을 길을 찾아야 한다. 그리고 경제적 안정과 부를 누릴 길을 찾아야 한다.

30대 중반인 나 역시 그 길을 찾기 위해 노력하는 중이다. 그리고 나와 그 길을 같이 갈 사람들을 모아 함께 노력하는 중이다.

족집게 과외 1 | 새는 돈을 잡아라

〈표 1〉은 내가 상담할 때 사용하는 가정경제 요약 시트다. 이런 식으로 미혼이든 기혼이든 현재 가정경제 상황을 한눈에 알아볼 수 있게 정리해봐야 한다.

소득, 지출, 금융자산, 부동산, 대출, 보험료 등을 가능하면 종이 한 장에 정리한다. 두 장으로 넘어가면 한눈에 들어오지 않기 때문에 연결이 잘되지 않는다.

소득에서 지출을 빼면 남는 금액이 있다. 그런데 남는 돈이 없다면 돈이 새고 있다고 봐야 한다.

새는 돈을 어떻게 막을까 고민할 필요는 없다. 표대로 매달 기재한 대로만 소비하면 새는 돈 없이 자연스레 통장에 남게 된다.

〈표 2〉는 실제 상담 사례다.

월 소득 330만 원, 저축 177만 원, 보험료 12만 원, 소비지출 106만 원이다.

전체 소득에서 저축, 보험료, 소비지출을 빼면 35만 원이 남아야 한다. 하지만 그 돈이 매달 남지 않는 것으로 보아, 소비지출 106만 원보다 35만 원가량이 더 나간다고 볼 수 있다. 35만 원이 나도

<표 1> 가정경제 요약 시트

단위: 만 원

성별	생년월일	월소득	성과급(년)	재무목표	예상시기	필요금액	필요 저축액(월)	주거형태	전세 보증금	전월세 만기	대출/월세	취득일	주택가격
남편	1980-11-25	300	500	출산비	1년 후	500	42	아파트	2억	2017-02-15			
아내	1984-01-07	200	300	주택마련	3년 후	3000	83	(전세)					
				자녀교육비	20년 후	3000	13						
				노후자금	30년 후	3억	83						
합계		567		합계		3억 6500	221						

재무목표	금융기관	상품명	가입일자	만기일자	금액 적립식	금액 거치식	누계액	금융기관 대출명의	대출종류 상환방법	대출원금 금리	대출일자 만기일자	대출잔액 월상환액
주택마련	우리은행	재형저축	2014-09-23	2020-09-23	5		177	우리은행	전세담보대출	2000	2015-02-10	2000
주택마련	우리은행	적금	2015-09-30	2016-09-30	30		120	남편	원리금균등	3.0%	2017-02-10	60
주택마련	새마을금고	자유저축	2015-09-30	2016-09-30	30		579					
자녀교육비	KDB	펀드1	2012-02-27	2024-02-27	15		600					
주택마련	농협	적금	2015-09-30	2016-09-30	100		500					
								총 대출잔액	2000	월 총상환액		60

피보험자명	월 보험료
본인	20
배우자	22
자녀 1	
자녀 2	
자녀 3	
합계	42

재무적 참고사항

| | 합계 | | | 180 | | 1976 | | | | | | |

월간 정기지출

식비		주거비용		광열수도		교육비		교통통신비		문화교제비		기타소비	
주식비	30	월세	30	도시가스	3	자녀 1_공		대중교통비	3	모임회비	11	본인용돈	20
외식비	20	관리비	14	전기		자녀 1_사		유류비	15	취미생활	5	배우자용돈	20
데이트		기숙사비		수도		자녀 2_공		주차/톨비	5	문화생활	5	부모님용돈	
담배		숙소비				자녀 2_사		인터넷/TV	3	도서비	2	자녀용돈	
술		공과금						휴대전화	20	가족회비		헌금	
								택시비		계		기부	

연간 비정기지출

의류신발		보건의료		연1회성		차량유지비		총소득대비 비율분석		소득 기간		1년당 저축액		1억 만들기 예상기간	
의류		의료비		경조사	120	자동차세		소비지출비율	46%	3년		659		3.7년	
신발	150	의약품비		명절(추,설)	40	자동차보험료	100	저축비율	32%						
화장품		의료용품		기념일 등	60	자동차부품	30	보험료비율	7%	월간 정기지출		206	연간 비정기지출		54
미용	80	건강식품		휴가/여행	50			대출상환비율	11%						
가방		피부미용	12	재산세 등				소비=50%이내 저축=30%이상		월평균 생활비 = 260					
								보험=10%이내 대출=20%이내		추가 저축 가능액 = **25**					

<표 2> 실제 상담 사례 요약 시트

단위: 만 원

성별	생년월일	월소득	성과급(년)	재무목표	예상시기	필요금액	필요 저축액(월)	주거형태	전세보증금	전월세만기	대출/월세	취득일	주택가격
남자		330		결혼자금 노후자금	2년 후 30년 후	5000 3억	208 83	기숙사					
합계		330		합계		3억 5000	292						

재무목표	금융기관	상품명	가입일자	만기일자	금액 적립식	금액 거치식	누계액
결혼자금	증권사	CMA					300
결혼자금	증권사	CMA					100
결혼자금	은행	적금	2015-09-25	2016-09-25	10		60
결혼자금	증권사	주식					548
결혼자금	증권사	주식					544
결혼자금	은행	청약종합저축	2009-05-06		2		1527
결혼자금	은행	예금					113
노후자금	증권사	연금펀드1	2016-03-08	2026-03-08	15		
노후자금	증권사	연금펀드2	2016-03-08	2026-03-08	20		
결혼자금	은행	적금1	2016-03-08	2018-03-08	50		
결혼자금	은행	적금2	2016-03-08	2018-03-08	50		
결혼자금	증권사	베트남펀드	2016-03-08	2018-03-08	30		
합계					177		3192

금융기관	대출종류	대출원금	대출일자	대출잔액
대출명의	상환방법	금리	만기일자	월상환액

총 · 대출잔액		월 총상환액	
피보험자명		월 보험료	
본인		12	
배우자			
자녀 1			
자녀 2			
자녀 3			
		합계	12

재무적 참고사항

월간 정기지출

식비		주거비용		광열수도		교육비		교통통신비		문화교제비		기타소비	
주식비	30	월세		도시가스		자녀 1_공		대중교통비	3	모임회비		본인용돈	
외식비		관리비		전기		자녀 1_사		유류비	6	취미생활		배우자용돈	
데이트		기숙사비	3	수도		자녀 2_공		주차/톨비		문화생활	20	부모님용돈	
담배		숙소비				자녀 2_사		인터넷/TV		도서비		자녀용돈	
술		공과금						휴대전화	6	가족회비		헌금	
								택시비	4	계		기부	1

연간 비정기지출

의류신발		보건의료		연회성		차량유지비		총소득대비 비율분석		소득 기간		1년당 저축액		1억 만들기 예상기간	
의류		의료비		경조사	60	자동차세		소비지출비율	32%	3년		1064		3.2년	
신발	70	의약비		명절(설, 추석)	20	자동차보험료		저축비율	54%						
화장품	15	의료용품		기념일	100	자동차부품		보험비율	4%	월간 정기지출	73	연간 비정기지출	33		
미용	12	건강식품		휴가/여행	120			대출상환비율	0%						
가방		피부미용		재산세 등				소비=50%이내 저축=30%이상		월평균 생활비 = 106					
								보험=10%이내 대출=20%이내		추가 저축 가능액 = 35					

모르게 새는 돈이다.

각 소비 항목에 대해 지출을 얼마나 할까 고민하면서 기재하다 보면, 대부분 자신이 생각했을 때 가장 적절한 지출액을 적게 된다. 그렇게 하면 자연스레 새는 돈이 계산되고, 기재한 지출대로만 소비하면 새는 돈을 잡을 수 있다. 기재한 지출 내역이 바로 '예산'이 된다.

그럼 과연 한 달 동안 어떻게 내가 정한 예산대로 쓸 수 있을까? 비결은 바로 가계부다.

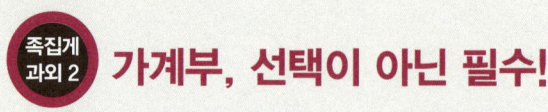
가계부, 선택이 아닌 필수!

공을 다루는 모든 스포츠에는 불문율이 있다. 공에서 눈을 떼지 말라는 것이다. 시선을 공에서 떼는 순간 공은 빗맞거나 놓치게 된다. 돈을 다루는 사람도 반드시 지켜야 할 원칙이 있다. 돈에서 눈을 떼지 말아야 한다는 것이다. 돈의 움직임을 항상 주시해야 한다. 그래서 내 돈의 움직임을 기록하는 일이 매우 중요하다. 바로 가계부 쓰기다. 가계부를 항상 머리맡에 두셨던 엄마를 한번 떠올려보자. 결국 허리띠 졸라매라는 얘기냐고 반문할 수 있다.

모든 것이 디지털화된 요즘도 해마다 1월이면 여성 잡지의 부록은 가계부다. 그런데 아무리 잘 만들어진 가계부라도 길어야 한두 달 쓰고 포기하는 사람이 많다. 요즘은 컴퓨터나 스마트폰으로 쓸 수 있는 가계부가 매우 잘 나와 있다. 그런데도 가계부 기입을 번거롭게 여긴다. 카드 영수증이 있는데 굳이 기록까지 해야 하느냐고 묻는 사람도 있다. 수입은 적은데 쓰는 돈이 많다 보니 가계부가 늘 마이너스 상태인 게 스트레스가 된다는 사람도 있다. 그런데 이런 현상은 모두 가계부를 제대로 쓸 줄 모르기 때문이다.

우리 엄마가 살림을 하던 시대에는 적은 수입을 쪼개고 쪼개면서 살림도 하고 아이들도 키우고 저축도 해야 했기에 가계부를 열심히 썼다. 시대가 바뀌었고, 가계부의 모양이나 형식도 많이 달라졌지만, 가계부를 쓰는 이유는 하나다. 돈을 계획성 있게 잘 쓰기 위함이다. 계획을 세운 대로 쓰고 쓸데없이 낭비하지 않기 위해 쓰는 것이다. 무조건 허리띠를 졸라매서 쓸 거 안 쓰고 먹을 거 아끼려고 썼던 것은 아니다.

아무리 작은 중소기업의 사장이라 하더라도 1년 예산을 잡지 않고 회사를 운영하는 경우는 매우 드물다. 예산이 없으면 비용의 상한선이 없다는 뜻인데, 그러다간 회사가 망한다. 가정경제도 마찬가지다. 예산이라는 지출 상한선이 있어야 한다. 한 달에 얼마까지만 쓰겠다는 상한선이 없다면, 돈이 모이는 것이 오히려 이상한 일이다.

다시 한 번 강조한다. 가계부는 선택이 아닌 필수다.

가계부를 쓰기로 결심해도 처음에만 열심히 쓰다가 얼마 못 가서 포기하는 사람이 많다. 한 달 동안 지출한 내역을 보면서 많이 썼구나 하고 생각한다. 그러고서는 귀찮아서 포기한다.

왜 포기할까?

첫째, 단지 얼마나 썼는지를 눈으로만 확인하고 나서는 효과가 없다고 생각하기 때문이다.

둘째, 고정비용을 쓰다 지쳐서 포기한다.

생각해보자. 월세를 당장 줄일 수 있을까? 관리비를 당장 줄일 수 있을까? 대중교통비를 줄일 수 있을까? 사실 고정지출은 가계부에 적을 필요가 없다. 손만 아프다.

가계부에는 매달 가변적이고 충동적인 지출만 적으면 된다. 대표적인 항목이 외식비(유흥비 포함)와 옷값이다. 물론 사람마다 충동적으로 소비하는 항목이 다르겠지만, 상담하는 사람들 대부분이 두 항목에 대한 지출을 줄이는 것을 가장 힘들어 했다. 그렇다면 가계부에는 매달 바뀌는 지출만 적으면 된다. 그리고 그 항목에 대한 예산을 정해서 가계부로 잡아나가면 된다.

'한 달 식비는 40만 원을 초과하지 않는다.' 이런 식으로 예산을 잡아야 한다. 이때 한 달 예산만 잡아놓으면 안 되고 일주일 예산을 세워야 한다.

40만 원을 한 달 식비로 예산했다면 4주로 나누어보자. 일주일에 10만 원이다. 일주일에 식비 예산을 10만 원으로 잡고 가계부를 써보자.

예를 들어 첫째 주 식비 지출이 13만 원이었다. 그렇다면 다음 주 식비 예산은 어떻게 잡아야 할까? 3만 원을 줄여 7만 원으로 잡으면 된다. 이렇게 하면 예산을 초과한 3만 원을 다음 주에 덜

<표 3> 초간단 가계부 양식
나의 꿈: 목돈 마련

(단위: 만 원)

항목	외식비		의류·신발	
한 달 예산	40			
월		5.0		
화				
수				
목				
금		5.0		
토		3.0		
일				
일주일 지출누계	10.0	13.0	5.0	-
월				
화				
수				
목		4.0		
금				
토		3.0		
일				
일주일 지출누계	10.0	7.0	5.0	-
월				
화				
수				
목				
금				
토				
일				
일주일 지출누계	10.0	-	5.0	-
월				
화				
수				1.2
목				12.0
금				
토				
일				
일주일 지출누계	10.0		5.0	13.2
총 누계	40		20	13.2

7만 원만 지출

써서 한 달 전체 예산을 맞춰나갈 수 있다.

대부분의 가계부는 한 달 단위로 되어 있다. 한 달 식비를 40만 원 쓰기로 했는데 실제로 60만 원을 썼다고 가정해보자. 다음 달에 20만 원을 줄일 수 있겠는가. 그럴 마음조차 생기지 않는다. 따라서 일주일 단위로 예산을 나누어서 가계부를 쓰는 것이 좋다. 온라인 시대에 손으로 직접 가계부를 써야 하느냐는 질문을 많이 받는다. 스마트폰 가계부나 엑셀 가계부를 써도 좋다. 단, 주 단위의 예산 설정 기능이 있는 경우에 한해서다.

주 단위 예산 설정 기능을 넣어 엑셀 가계부를 나의 블로그(http://blog.naver.com/perfectnag)에 올려놓았다. 다운로드받아 마음껏 사용하길 바란다.

가계부를 통해 한 달에 10만 원을 아꼈다고 해보자. 1년이면 120만 원이다. 이것은 1200만 원을 주식에 투자해서 연 10% 수익을 낸 효과와 같다.

지금 당장 1200만 원이 있는가? 있더라도 과연 원금 손실 가능성을 무릅쓰고 주식에 투자할 수 있겠는가?

가계부는 원금 손실 가능성이 전혀 없는 무위험 재테크 수단이다. 종자돈이 없더라도 1200만 원을 연 10%로 굴리는 효과를 볼 수 있다. 1% 저금리 시대에 내 통장에만 연 10% 이율을 적용할 수 있는 효과적인 도구가 바로 가계부다.

지금 실천하지 않는 사람은 영원히 실천하지 못할 가능성이 크다. 지금이 가장 의욕에 불타는 순간이다. 시간이 지날수록 의욕은 점점 시들해질 것이다.

미국계 대기업의 상무인 고객을 상담한 적이 있었다. 첫 만남 때 약 2시간 정도를 상담했는데, 정말 감탄한 점이 있었다. 실천 사항을 알려주었는데, 그 자리에서 바로 실천 목록을 확인하고서는 바로 행동에 옮기는 게 아닌가. 부동산 관련 실천 사항을 위해 즉시 공인중개사에게 전화하는 것을 보고 크게 깨달은 바가 있다.

"성공하는 사람은 그 어떤 것이든 지금 바로 실천한다."

소득 수준을 가리지 않고 상담한다는 것이 나의 철학이다. 그렇게 다양한 사람들을 만나다 보니, 연차가 어느 정도 쌓이자 보이지 않던 것이 보였다.

1 돈을 잘 모으지 못하는 사람은 어떤 핑계를 대서라도 실천하지 않는다.
2 돈을 잘 모으는 사람일수록 실천 사항을 하루 안에 처리한다.

구닥다리라 생각했던 가계부에 비밀이 숨어 있다.

오늘부터 당장 가계부를 작성해보라. 지금 작성하지 않으면 새는 돈을 영원히 잡지 못하게 된다.

화요일

대출과 보험의 함정

한 번도 살아보지 않은 1% 금리 시대

"미국에 가려면 어떻게 해야 해요?"

"전자여권 만들고, ESTA 사이트에서 여행 허가 신청하고, 비행기 표 예약하고…….."

"남극에 가려면 어떻게 해야 하나요?"

"글쎄, 나도 안 가봐서 잘 모르겠네."

가본 적이 있는 미국이라면 조언해줄 수 있겠지만, 한 번도 가보지 않은 남극이라면 조언을 해줄 수 없다.

재테크도 마찬가지다. 재테크를 해본 사람이 이런저런 조언을 해줄 수 있지 않을까.

  2000년대 들어서면서 연이은 금리 인하로 예금·적금의 이자가 낮아지자 주식 투자와 펀드 투자, 부동산 투자 등으로 돈을 불리는 방법이 성행했는데, 이런 행위를 재테크라고 했다.

  중요한 것은, 대한민국 어느 누구도 단 한 번도 가보지 못한 '1%' 금리 시대에 누가 재테크에 관해 조언할 자격이 있는지 모르겠다는 것이다. 대한민국 증권사들도 1% 금리 시대는 처음 가보는 길이 아닌가.

  재테크를 한다고 하면 다들 최소한 원금이 2배로 불어나는 것을 기대한다. 말로는 물가상승률 이상만 수익이 나면 만족하겠다고 하지만 원금 손실 위험을 무릅쓰면서 그 정도로 욕심을 작게 가진다는 건 거짓말이다.

  그렇다면 과연 원금의 2배가 되려면 얼마의 기간 동안 얼마의 수익률을 기록해야 할까?

〈표 4〉 아인슈타인의 72법칙

기간(년) 수익률	1	2	3	4	5	6	7	8	9	10	11	12	13	14	15	16	17	18
4%																		
8%																		
12%																		

〈표 4〉는 아인슈타인 박사가 '세계의 여덟 번째 불가사의'라며 경이로움을 표시한 복리의 효과를 나타낸 것이다.

72를 수익률로 나누면 그 수익률로 원금의 2배가 되는 데 걸리는 시간을 알 수 있다.

1억을 매년 4% 복리로 굴릴 경우, 18년 뒤 원금의 2배.

1억을 매년 8% 복리로 굴릴 경우, 9년 뒤에 원금의 2배.

1억을 매년 12% 복리로 굴릴 경우, 6년 뒤에 원금의 2배.

자, 12%는 거의 불가능하다고 보고 가장 현실적으로 6%를 잡았을 때 걸리는 시간은 다음과 같다.

72 ÷ 6 = 12년.

'매년' 6% 수익이 연복리로 굴러가면, 12년 뒤에는 원금의 2배가 된다.

현실적으로 정말 가능할까?

단 한 해도 손실이 없어야 한다. 그래도 12년이 걸린다. 1000만 원이 2000만 원이 되는 데 12년이 걸린다는 얘기다.

1억을 투자하면 되는 것 아니냐고 질문할 수 있다.

정말 1억이 있다고 한들 원금 손실 위험을 감수하고 1억을 투자할 용기가 있는가?

정말로 재테크로 단번에 부자가 되는 것이 가능할까? 설령 가능하다 해도 우리의 통장은 지금 너무 가볍지 않은가. 어쨌든 돈이 있어야 굴릴 텐데 말이다.

결국 수익률이 답이 아니라면 저축률로 눈을 돌려야 한다. 일반적으로 미혼은 소득의 50% 이상, 기혼은 30% 이상 저축할 것을 권장한다(개인의 상황 및 기혼의 경우 외벌이, 맞벌이에 따라 다르지만 권장 기준 미달일 경우는 반드시 점검해보아야 한다).

현실적으로 이렇게 많이 저축하는 것은 쉬운 일이 아니다. 하지만 분명 도전해볼 만한 과제다.

참고로 걸그룹 씨스타의 멤버 소유는 한 예능 프로그램에 출연해서 "100만 원이 들어오면 무조건 반은 저축한다. 어렸을 때 집안 형편이 어려웠고, 그래서 중학생 때부터 안 해본 아르바이트가 거의 없다"라고 말했다.

그리고 큰 수익을 벌어들이고 있는 지금도 소득의 절반은 무조건 따로 떼서 저축한다고 했다.

수입이 많은 인기 연예인이라 반을 저축할 수 있는 것 아니냐고 반문할 수 있다. 반대로 생각해보자. 돈을 잘 버는 연예인도 미래를 위해 수입의 절반을 저축하는데, 내가 반을 저축하지 않으면?

1990년대에는 가계 저축률이 20%가 넘었다. 현재 저축률은 4% 내외다. 이는 인생의 전반전에서는 96%로 살고, 인생의 후반전에서는 4%로 버티겠다는 뜻이다.

또한 저축이 무려 5분의 1 수준으로 줄었다는 의미다. 엄마가 100만 원을 저축했다면, 지금 우리는 20만 원을 저축한다는 의미다(가계 저축률은 평균을 나타낸 것으로, 저축률 20%가 일반 가정의 권장 수준이라는 뜻은 아니다).

그 시절에는 은행 이자가 높았으니 그렇게 많은 돈을 저축할 수 있었던 것 아니냐고 생각할 수 있다.

자, 그럼 한 가지 질문을 해보자. 우리는 현재 펀드 같은 투자 상품에는 매달 소득의 몇 퍼센트를 투자하고 있는가?

위와 같은 이유라면 은행 이자가 낮아서 적금은 안 하더라도 펀드 등의 투자상품에 매달 미혼은 50% 이상, 기혼은 30% 이상의 소득을 투자해야 마땅하다. 그렇지 않을까?

결국 저금리를 핑계로 저축도, 투자도 별로 하지 않고 있다.

현재 통장의 잔고를 보자. 연 10%의 수익률을 적용한다 해도 금액이 확 달라지지 않는다? 왜냐? 잔고 자체가 별로 없으니까.

어쩌다가 이자 수익이 많이 들어온다고 생각해보자. 그 돈이 다시 복리 효과를 낼 수 있을까? 아마도 그 돈을 재투자하지 않고 그냥 공돈으로 생각하고 써버릴 가능성이 높다. 어차피 공돈인데다가 푼돈이라고 여길 테니까 말이다.

펀드, 보험 등의 재테크 금융상품이 없던 시절에도 엄마가 우리를 적금 하나로 키울 수 있었던 것은 수입에 비해 '저축'을 많이 했기 때문이다.

설령 적금 이자가 0%였어도, 엄마는 빨간 돼지저금통 하나만으로도 분명 우리를 키웠을 것이다. 당신을 키운 엄마의 사랑은 '금리'라는 핑계를 대지 않는다.

결국 내 통장이 가벼운 이유는 이자율이나 수익률의 문제가 아니라 바로 낮은 저축률 때문이다.

이자는 일요일에도 쉬지 않는다

월급보다 카드 값이 더 많이 나오는 순간, 카드 값과 바통터치가 되는 존재가 있다. 바로 마이너스 통장.

마이너스 통장 역시 빚이다. 그런데 여기에는 '대출'이라는 단어가 없다. '통장은 통장인데 마이너스라는 글자가 있는 것뿐이야', '꼭 필요할 때만 쓰면 돼. 쓴 만큼만 이자 내면 돼' 하면서 속삭인다.

마이너스 통장이 일반 대출에 비해 장점은 있다. 조기상환 수수료가 없고, 한번 만들어두면 돈이 급하게 필요할 때 복잡한 절차

없이 돈을 쓸 수 있다.

마이너스 통장을 처음 개설할 때는 누구나 급할 때만 쓰고 얼른 채워넣겠다는 생각을 한다. 마이너스 상태로만 안 만들면 왠지 급할 때 필요한 자금이 있다는 생각이 든다. 하지만 이 생각이 바로 마이너스 통장을 계속 마이너스 상태로 유지하게 만든다. 쉽게 플러스로 채우지 못한다.

일반적으로 마이너스 통장의 대출 금리는 다른 신용대출보다 보통 0.5%p 이상 높다. 대단하지 않은가? 대출이라는 단어도 없는데, 대출보다 금리가 높다.

마이너스 통장이 한도까지 꽉 찼는가? 하지만 걱정할 필요가 없다. 대출이 있으니까. 대출공화국 대한민국에서는 대출만큼 쉬운 게 없다. 개인주의로 소외받는 이 시대에 외롭다는 걸 어떻게 알았는지 매일 전화를 걸어오는 지독한 스토커들. 바로 대부업자 또는 사채업자다.

우리 역사에는 서민들의 어려운 생활을 도와주기 위한 구휼제도가 있었다. 고구려에는 진대법이 있었고, 고려에는 의창, 조선에는 상평창이 있었다. 물론 이 제도들은 원래 생활이 어려운 백성을 도와주기 위한 것이었고, 초기에는 그렇게 시행되었다. 하지만 나중에는 고리대금업으로 악용되면서 서민들의 삶을 더 궁핍하게 만들었다.

　대출 역시 돈이 없는 사람을 위해 은행이 만든 제도다. 은행은 돈이 많은 사람들이 예금을 하면 그 돈으로 돈이 없는 사람들에게 빌려주고 이자를 받아서 다시 돈이 많은 사람들에게 이자를 지급한다. 그런데 대출 이자와 예금 이자가 같으면 은행은 먹고살 수 없다. 당연히 대출 이자를 많이 받아 자신들도 먹고살고 남은 돈을 예금한 사람들에게 돌려준다. 이는 초등학생도 아는 상식이다. 이런 구조는 화폐가 생기고 은행이 생기기 전에도 다양한 수단과 방법으로 행해졌다.

　그런데 은행에서 대출을 받으려면 여간 복잡한 것이 아니다. 고정 소득이 확실하게 있어야 하고, 담보를 제공할 수 있어야 한다. 즉 내게 대출을 해주면 떼먹지 않고 갚을 수 있다는 것을 서류로 증명해야 한다. 그나마 그런 게 가능한 사람들만 은행의 문턱을 넘을 수 있다. 하지만 그렇지 못한 사람들은?

　옛날에는 형제나 친척, 친구들에게 돈을 빌리곤 했다. 지금은 어떤가? 예전에 형제나 친척, 친구들에게 돈 빌려줬다가 돌려받았다는 이야기는 들리지 않는다. 모두가 같이 망하고 덩달아 고생했다는 사람들뿐이다. 그러니 적은 돈이든 많은 돈이든 주변 사람들에게 돈을 빌리기는 정말 하늘의 별 따기보다 더 어렵다.

73
화요일. 대출과 보험의 함정

그 틈을 노리고 사채업자들이 등장했다. 동네에서 돈놀이, 사채놀이 하는 규모가 아니다. 이제 기업화되었고, 대기업이 나서고, 외국 자본이 들어와 진을 치고 있다. 전화 한 통, 인터넷에서 클릭 한 번만으로도 돈을 빌려준다고 광고를 한다. 처음 돈을 빌리는 사람에게 한 달 이자는 면제해준다는 기가 막힌 마케팅 전략도 등장했다. 그런데 대출 이율은?

현재 국내 대부업체 1위부터 10위까지가 모두 일본계 회사다. 그중 국내에서 독보적인 위치를 차지하고 있는 'R캐시'의 경우, 2006년과 2007년의 자본금은 133억 원, 해당 기간 동안 벌어들인 수익은 1600여억 원이다. 즉 수익률이 2년 동안 1200%였다! 참고로 삼성전자의 1년 이익률은 자본금의 25%를 넘지 않는다.

1998년 1월 13일부터 2002년 10월 26일까지는 이자제한법의 폐지로 대부업자들의 세상이었다. 이후 2002년에 대부업체의 이자 상한선이 연 66%로 제한되었고, 2007년 49%, 2010년 44%, 2011년 39%로 점차 하향 조정되었다. 2016년 10월 31일 현재 27.9%다.

법률에 의한 이자 상한선은 점차 낮아지고 있는데, 왜 대부업자들의 독촉에 시달리는 사람들은 계속 늘어나는 걸까?

첫째, 경기 침체와 불황이 계속되기 때문이다. 이건 개인의 노력으로 넘기 힘든 장벽이다. 어떤 업종이든 힘들지 않다고 하는 업종이 없다. 더 이상 높은 성장을 기대할 수 없는 경제 상황에서 빈익빈부익부 현상이 더욱 가속화되고 있다. 돈이 없는 사람은 살아가기가 점점 더 어렵다. 그들에게 제대로 된 담보나 신용이 있을 리 만무하다. 어쩔 수 없이 대부업체를 이용할 수밖에 없고, 갚을 능력이 없으니 고단한 삶을 반복하게 된다.

둘째, 돈에 대한 개념이 부족하기 때문이다.

우리는 예부터 돈을 경시하는 경향이 있었다. '황금 보기를 돌같이 하라'는 선인의 말이 진리라고 믿기도 했다. 그러다 보니 돈과 부와 소비의 상관관계나 금융에 대한 교육은 거의 이루어지지 않았다. 수년 전 일시적으로 어린이나 청소년을 위한 금융 교육 등이 활발하게 이루어진 적이 있긴 하다. 하지만 정말 일시적인 붐으로만 끝났다. 미국은 초등학교 때부터 저축과 투자에 대해 가르치고 있다고 한다. 하지만 우리나라는 대학교에 들어가서도 제대로 된 금융 교육을 받을 기회가 많지 않다. 돈의 소중함은 물론이고 돈의 무서움에 대해서도 어릴 때부터 배울 필요가 있다.

셋째, 소비를 통제하지 못했기 때문이다.

우리 생활의 곳곳에서 끊임없이 소비하라는 유혹이 넘쳐난다. 눈과 귀를 다 막지 않는 한 그 유혹에 전혀 휘둘리지 않을 사람은 거의 없다고 본다. 버는 돈은 한정되어 있는데 쓰는 돈을 통제하지 못하는 한 빚의 굴레에서 벗어날 수 없다. 더 많이 벌기 위해 우리가 노력하는 것은 지금의 경제 상황에서 매우 어려운 일이다. 그렇다면 우리가 할 수 있는 일은 스스로 소비를 통제하고 수입의 범위 내에서 무엇을 할 수 있는지 찾아내는 것이다.

보험 가입과
자동차 구매의 차이

몇 년 동안 연락이 없던 친구가 어느 날 전화를 걸어온다.

"오랜만이야. 잘 지내니? 밥 한 번 먹자."

반가운 마음은 잠시, '왜 갑자기 보자고 하지? 뭐 부탁할 일 있나?' 하는 생각부터 앞선다. 오랜만에 연락 온 동창이나 친구의 전화가 마냥 반갑지만은 않은 게 요즘의 현실이다. 그런데 그런 예감은 틀리는 법이 없다. 만나기도 전에 그런 생각을 했던 자신을 자책하면서 친구를 만나지만 결국 친구는 긴긴 대화 끝에 본론을 꺼낸다.

"나 좀 도와주라. 큰 거 말고 보험료 작은 걸로 하나만 들어줘!"

왜 보험은 항상 이런 식으로 가입하게 될까? 내 친구 아니면 엄마 친구 등등. 자동차, 정수기, 건강식품 등은 거절하기 쉬운 편이지만, 이상하게 보험은 적은 금액으로도 나에게 이익이라는 말에 어느새 계약서에 사인을 하곤 한다. 대부분은 계약 내용이 뭔지도 잘 모르는 채.

이렇다 보니 가정경제 상황이나 수입에 비해 과도한 보험료를 내는 경우도 꽤 많다. 보험료는 보험료대로 내다가 결혼자금, 주택마련자금 등 목돈이 필요한 시기가 오면 가장 먼저 보험을 깨려고 한다. 많은 사람들이 알다시피 보험은 중간에 해지하면 원금도 받지 못하는 경우가 많다. 당연히 해지하는 순간 보험의 장점이나 혜택은 누려보지도 못한다. 이 때문에 보험을 극도로 혐오하는 사람도 있을 정도다.

보험은 보험료를 내려고 가입하는 것이 아니라 보험금을 받으려고 가입하는 것이다. 나의 경제 여건에서 납입 만기까지 유지할 수 있는지, 유지할 수 있다면 월 보험료를 얼마나 낼 수 있는지 신중하게 따져보고 나서 가입해야 한다.

자동차를 구입할 때 우리는 얼마의 시간을 고민할까?

차를 사겠다고 마음먹자마자 자동차 전시장으로 달려가서 직원이 추천하는 차를 바로 살까? 아마도 이런 사람은 거의 없을 것이다. 자동차 회사별로, 모델별로 인터넷에서 장단점을 찾아보고, 다른 사람들의 평도 들어보고, 매장을 직접 방문해서 실물을 보거나 시승을 해본 후 구입을 결정하는 경우가 훨씬 더 많다. 왜 자동차를 구입할 때는 이토록 많은 시간을 들이면서 따지는 걸까? 당연히 비싸기 때문이다. 비싼 물건을 살 때는 신중해야 한다고 생각하기 때문이다.

사실 보험도 총금액을 따져보면 자동차만큼 비싼 선택일 수도 있다. 그런데도 왜 구매하기 전에 신중하게 요모조모 따져보지 않고 결정하는 걸까?

월 10만 원, 20년 납입 보험은 총액이 2400만 원이다. 웬만한 자동차 가격이다.

월 20만 원, 20년 납입 보험은 총액이 4800만 원이다. 고급 승용차 가격이다.

4800만 원을 월 20만 원으로 쪼개놓고 보여주니 큰돈이라는 생각이 들지 않는 것이다. 월 20만 원만 보이고 4800만 원은 보이지 않는다. 가격 부담이 훨씬 적다고 생각하니 부담도 없다. '착시효과'다.

자동차도 할부로 하면 마찬가지가 아니냐고 반문할 수도 있다.

하지만 자동차는 일단 총금액을 먼저 제시한 후 할부 기간과 매달 할부 금액을 정하기 때문에 총금액을 보는 것만으로도 부담이 된다. 반면에 보험은 매달 납입 금액 위주로 보험상품을 설명하기 때문에 큰 부담이 없는 금액이면 앞뒤 따지지 않고 계약하게 된다.

이 점은 금융감독원이 개선할 점이라고 생각한다. 보험의 총금액을 가장 눈에 띄는 곳에 의무적으로 기재하도록 함으로써 소비자가 보험을 선택하고 가입할 때 신중을 기하도록 해야 하지 않을까?

반대로 보험 소비자인 우리는 월 납입 금액만 눈에 띄도록 해서 총금액을 가리는 보험회사가 만들어놓은 '착시효과의 덫'을 조심해야 한다.

보험사의
두 얼굴

〈그림 1〉은 2015년 6월 말 기준 생명보험사의 총자본 순위다. 삼성생명이 압도적인 1위를 차지하고 있다. 2위와 두 배 이상 격차가 벌어진다.

생명보험사의 상품은 크게 보장성 보험과 저축성 보험으로 나뉜다. 저축성 보험의 경우 저금리 기조에 맞서 투자 기능을 더한 변액보험에 많이 가입하는 추세인데, 과연 보험사의 총자본 순위만큼 수익률도 좋을까?

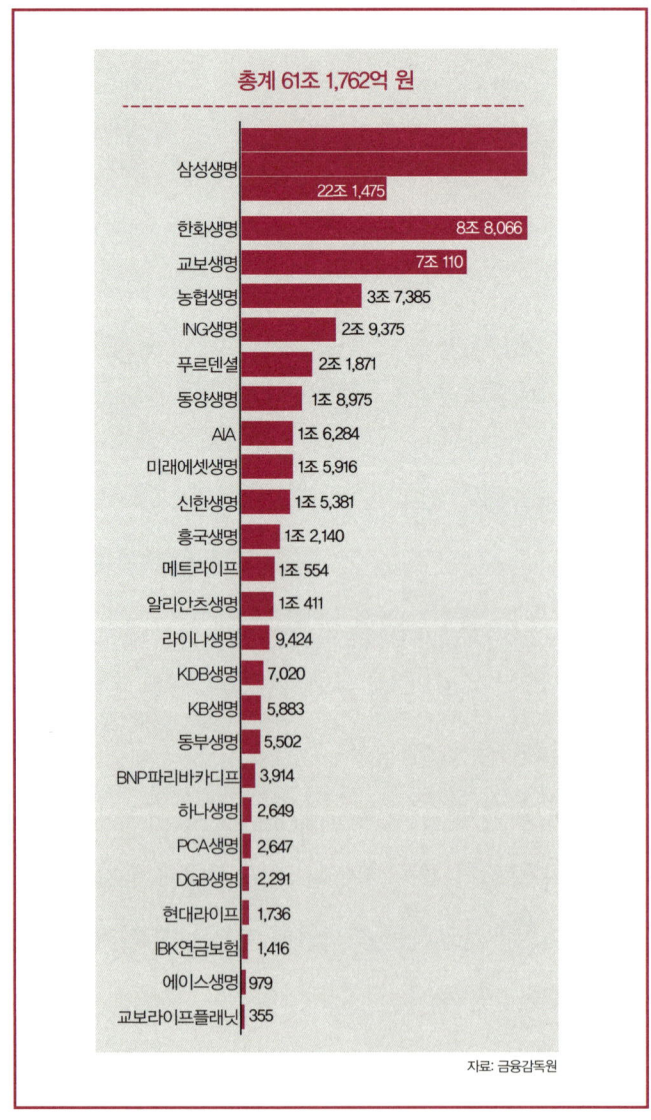

〈그림 1〉 생명보험사 총자본 순위

〈표 5〉 15년 변액보험 펀드 국내 주식형 수익률 상하위 5개사

(단위: 억 원, 개, %)

구분	2015년 순자산	2015년 펀드 수	2015년 유형수익률(1년)	2014년 순자산	2014년 펀드 수	2014년 유형수익률(1년)	순자산 증감
보험사전체	186,725	177	2.31	185,281	168	−5.28	1,444
수익률 상위 5개사							
하나생명	1,792	7	7.67	1,775	7	0.2	17
라이나생명	1,227	8	6.11	1,270	8	−4.19	−43
ING생명	10,266	10	5.41	11,696	10	−8.37	−1,430
PCA생명	13,643	10	5.23	15,157	10	−2.3	−1,514
흥국생명	2,946	6	4.63	3,158	5	−5.71	−212
수익률 하위 5개사							
알리안츠생명	5,301	5	−0.86	6,575	3	−8.07	−1,274
삼성생명	45,895	16	−0.15	39,285	16	−7.2	6,610
교보생명	7,416	9	−0.14	5,954	8	−6.08	1,462
에이스생명	1,070	6	0.58	1,234	5	−7.42	−164
한화생명	5,713	8	0.77	5,082	6	−3.69	631

〈표 5〉를 보면 놀랍게도 총자본 규모 1위, 2위, 3위 생명보험사의 변액보험 펀드 국내 주식형 수익률은 하위 5개사에 포함되었다. 물론 특정 연도의 수익률만 보고 판단하는 것은 무리가 있지만, 그렇다고 그냥 넘어갈 수는 없는 노릇이다. 앞에서 살펴보지 않았는가. 단 한 해도 손실 없이 매년 6%의 수익이 나야 12년 뒤에 원금의 두 배가 될까 말까. 그것도 복리로!

삼성생명은 투자운용 실적이 상위에 속하는 것도 아닌데, 왜 많은 사람들이 삼성생명을 선택하는 걸까? 그 이유는 바로 '삼성'이라는 브랜드 때문이고, 한국 최고의 기업이라는 이미지 때문이다. 더구나 삼성은 가장 인기 있으면서도 신뢰도가 높은 연예인을 광고 모델로 기용한다.

삼성이 브랜드 이미지를 관리하기 위해 쏟아붓는 금액은 가히 천문학적이다. 어찌 보면 이것이야말로 1등 기업의 전략이라고 할 수 있다. 1등 기업은 성능이나 기술을 자랑하는 광고를 내보내지 않는다. 주로 좋은 이미지를 소비자들에게 각인시키는 광고를 만든다. 그래서 막연히 '이 회사는 참 좋은 회사야'라는 생각을 끊임없이 하도록 만든다. 실제로 제품의 성능이 좋지 않은데도 그 회사의 이미지를 떠올리면서 구매를 하는 경우가 얼마나 많은지 생각해보면 된다.

그렇다면 어떤 보험사를 선택해야 할까?

브랜드 광고에 비교적 적은 비용을 들이는 보험사?

이런 보험사는 광고비를 상대적으로 덜 쓰니 고객에게 그만큼 유리할까? 규모가 작은 보험사일수록 대체로 보험료가 저렴하지만 꼭 그렇지도 않다.

자산 규모가 하위에 속할수록 보장성 보험의 보험금 지급에 인

색한 경우가 더 많다.

보험금 지급은 보험사 입장에서는 손실이다. 그리고 규모가 작은 보험사는 큰 보험사보다 보험금 지급에 대한 부담이 더 클 수밖에 없다. 이 때문에 가능한 한 보험금 지급에 의한 손실을 최소화하려는 경향이 있다. 지급할 보험금을 축소시키는 직원을 우수 사원으로 뽑기도 한다. 보험금을 얼마나 덜 지급했느냐에 따라 인사고과와 상여금 지급액이 달라진다(사실 큰 보험사, 작은 보험사를 가리지 않고 이런 일이 벌어지고 있다. 무서운 현실이다).

고객 입장에서는 막상 보험금이 필요한 시점에 이런저런 구실로 보험금 지급을 기절딩하면 배신감이 들 수밖에 없다. 보험에 가입하게 할 때는 설계사는 물론이고 해당 보험사가 온갖 혜택과 서비스를 자랑하느라 바쁘다. 그런데 막상 힘들고 어려운 일이 닥쳐 보험금이 절실히 필요한 순간에는 고객의 고통을 외면한다. 가입할 때는 '사랑하는 고객님'이지만 보험금을 주어야 할 때는 '귀찮은 고객'이 되어버리는 게 현실이다. 이런 상황이 계속되는 한 보험업계에 대한 불신은 날로 깊어질 수밖에 없다.

소비자는 더 이상 설계사의 말만 믿고 보험에 덜컥 가입할 만큼 어리석지 않다. 친구, 친척, 사돈의 팔촌까지 찾아와서 보험을 들라고 권하는 바람에 전혀 필요하지 않은 보험에 가입해서 후회해

본 소비자들이 이미 많기 때문이다.

  이제 보험사들도 더 이상 고객을 호구로 보고 보험상품을 팔던 시대는 지났다. 현명한 소비자를 정직하게 설득할 수 있는 상품으로 승부해야 하지 않을까?

나 좋으라고?
아니 너만 좋겠지!

어떡하죠?
첫사랑은 슬프다는데
나 지금 누구라도 사랑하고 올까요.

가수 서영은의 '내 안의 그대' 가사의 일부다.
첫사랑이 결혼으로 이어지면 얼마나 좋을까? 하지만 대부분 첫사랑과는 인연의 끈을 유지하지 못한다. 두 번째 사랑이 첫 번째 사랑을 밀어내기 때문이다.

대부분 첫사랑처럼 오래전에 가입한 보험이 좋다. 예를 들어 보자.

중풍이라고도 불리는 뇌졸중은 뇌경색과 뇌출혈로 구분되는데, 2000년도 초반에 생명보험사에서 판매한 보험은 뇌경색과 뇌출혈 둘 다 보장되는 '뇌졸중 진단비'가 특약으로 있었다. 하지만 최근 몇 년 사이에 판매되는 생명보험사의 보험에는 '뇌졸중 특약'이 없다. 대신 '뇌출혈 진단비'만 있다.

뇌경색은 혈관이 막히는 것, 뇌출혈은 혈관이 터지는 것이다. 교통사고 같은 이유로 한 번에 뇌혈관이 터지지 않는 이상 혈관이 막힌 상태에서 뇌출혈까지 진행되는 경우는 드물다고 한다. 뇌경색과 뇌출혈의 발병 비율은 대략 8:2 정도라고 한다. 생명보험사에서는 손해율을 줄이기 위해 뇌경색과 뇌출혈 모두 보장하는 '뇌졸중 진단비 특약'을 없애고 '뇌출혈 진단비 특약'만 남겨놓은 것이다.

2000년 초반 뇌졸중 진단비가 있는 이런 좋은 상품에 가입해놓았는데, 갑자기 유혹이 다가온다.

"요즘 새로 나온 보험이 있는데 훨씬 더 좋아. 옛날 것으로 뭐 도움 받은 거 있어? 그거 해약하고 새로 하나 가입해. 유리한 특약도 많아."

이런 달콤한 유혹에 계속 시달린다.

최근 몇 년 사이에 보험을 갈아타라는 권유를 받아보지 않은 사람이 없을 것이다. 실제로 많은 사람들이 예전에 가입한 보험을 해지하고 새 보험으로 갈아탔다. 그런데 이렇게 갈아탄 보험이 예전 보험만 못하다는 것이 문제다. 고객에게는 도움이 전혀 안 되는데, 자기네들 이익을 위해서 고객을 이용한 것이다.

생명보험사에는 현재 뇌졸중 특약이 없기 때문에, 생명보험사의 보험만 가지고 있다면 보장에 구멍이 생긴다. 따라서 손해보험사의 보험으로 뇌졸중 특약을 보완해야 한다. 하지만 실제로 상담해보면, 생명보험사에 근무하는 보험설계사의 권유를 받고 오래 전에 가입한 생명보험 상품을 깨고 새로 생명보험 상품에 가입한 경우가 많았다.

생명보험사에 근무한다 하더라도, 손해보험사 중 한 곳을 선정해서 교차 판매라는 것을 할 수 있다. 적어도 생명보험사에는 없는 뇌졸중 특약을 손해보험사의 상품으로 보완해주면 좋을 텐데, 수당이 적어서인지 귀찮은 탓인지 그렇게 하는 보험설계사를 거의 보지 못했다.

그나마 요즘에는 극소수의 보험설계사들이 깨알 같은 글자로 적힌 보험약관을 들여다보며 고객에게 어떻게 보험을 '팔까'가 아니라, 고객이 어려움에 처했을 때 '어떻게 보험금을 잘 받게 해줄까' 고민하고 있다.

보험회사는 분명 고객이 계약한 보험의 약관대로 보험금을 지급해야 하는 의무가 있다. 그런데 고객은 갑작스러운 사고나 질병이 발생하여 보험금 지급 청구를 할 때 자세한 사항을 잘 모른 채 청구하는 경우가 많다. 담당 설계사에게 도움이라도 청할라 치면 그만두었거나, 기껏 하는 말이 콜센터에 전화해서 물어보고 서류 준비해두면 찾으러 간다고 하는 정도다. 게다가 대부분의 보험사는 고객이 청구한 보험금만 지불해준다. 어떤 상품에 가입했든 고객이 청구하지 않는 보험금에 대해서는 설명조차 해주지 않는다. 알고 청구하는 사람에겐 보험금을 지급하고, 모르는 사람에겐 모른 척한다. 이것이 현실이다. 그래서 보험금 분쟁도 끊이지 않는다.

하지만 이제 보험 계약서에 도장을 찍는 순간까지만 고객을 챙기는 보험설계사는 외면받게 될 것이다. 친척, 친구, 지인 등을 찾아다니며 적은 보험료로 설득하는 세일즈 방식 또한 발붙이기 힘들 것이다. 더 이상 속을 고객이 없기 때문이다. 앞으로 새로 보험에 가입할 계획이라면 한두 가지만 물어봐도 그가 어떤 보험설계사인지 알 수 있을 것이다.

"제가 가입하는 상품의 가장 큰 특징은 무엇인가요? 약관에서 보장해주는 범위를 알려주실 수 있나요?"라고 질문해보라.

얼버무리면서 특약 어쩌고저쩌고 하는 설계사는 분명 계약에만 눈이 먼 설계사일 가능성이 높다.

안타깝게도 국내 대형 보험사들은 설계사들에게 적극적으로 약관을 가르치지 않는다. 보험상품을 많이 팔도록 세일즈 교육에는 열을 올려도 고객의 이익을 위한 일에는 팔을 걷어붙이지 않는다. 일부 외국계 보험사나 그곳에 속해 있는 보험설계사들이 그나마 자신이 판매하는 보험의 약관에 대해 열심히 공부하고 고객에게도 혜택이 돌아가도록 노력하고 있을 뿐이다.

아무도 말해주지 않는 1+2 기능

변액보험은 10년 이상 유지할 경우 발생한 수익에 대해 세금을 안 내도 되는 '비과세' 투자상품이다(은행 적금의 경우 이자 수익에 대해 15.4%를 과세한다).

또한 변액보험은 납입 보험료에서 '일정 금액'을 뺀 적립 보험료를 투자하여 이로부터 얻은 투자 수익을 배분받는 보험이다(변액보험에는 변액종신보험, 변액연금보험, 변액유니버셜보험이 있다. 여기서는 변액종신보험은 제외하고 설명하겠다).

중요한 건 '일정 금액'을 뺀다는 것인데, 사업비가 가장 큰 부분을 차지한다. 사업비는 한마디로 보험회사 운영비라고 할 수 있다. 설계사들의 급여와 회사 유지를 위한 각종 비용에 사용하기 위해서 고객이 낸 보험료에서 일부를 가져간다. 상품마다 차이가 있지만, 보통 10% 넘게 뗀다. 월 납입 30만 원짜리 변액보험에 가입하면 3만 원이 보험회사의 사업비로 빠진다는 의미다. 즉 30만 원을 넣는 순간 −10%로 시작하는 셈이다.

시작부터 −10%가 되는 상품이라면, 사기가 아닐까? 원금을 회복하는 데만 해도 보통 7~10년 이상 걸리는데 말이다.

하지만 변액보험이라는 상품이 정말 나쁘기만 한 상품이라면 정부에서 없애버렸을 것이다. 그렇게 하지 않는 이유는 분명 장점도 있기 때문이다.

변액보험에서 가장 중요한 것은 바로 '추가 납입'이다. 추가 납입이란 최초 가입한 금액의 2배 금액을 추가로 넣을 수 있는 기능이다(상품마다 한도가 다를 수 있다). 예를 들어 월납 30만 원 변액보험에 가입한 경우 60만 원을 추가로 넣을 수 있다. 그러면 총 90만 원을 납입할 수 있다. 보험회사와 상품마다 다르지만, 최근에는 추가 납입에 대한 수수료를 없앤 변액보험이 출시되고 있다.

변액보험을 월납 30만 원으로 가입하는 것이 아니라, '10만 원 가입 + 추가 납입 20만 원'으로 설정한다면 사업비는 약 3분의 1로 줄게 된다. 10만 원에 대한 10%만 떼기 때문이다(사업비 10% 가정 시).

총 30만 원을 납입하는데 사업비는 1만 원이다. 전체 30만 원의 3% 수준이디. 추기 납입으로 사업비를 10%에서 3%로 줄이면, 추가 납입을 하지 않았을 때보다 무려 7%를 지키는 효과가 있다.

증권사의 펀드상품이 보통 연 2~2.5%의 보수를 떼므로, 추가 납입을 활용하고 비과세라는 것까지 감안하면 큰 장점이 있다.

변액보험의 1+2 기능을 반드시 활용해야 한다.

포털사이트를 보면 변액보험에 대한 비난이 많다. 대부분 사업비 때문에 몇 년 납입했는데도 원금에 미치지 못한다는 불만이다. 그들은 추가 납입 기능을 모르고 있을 확률이 높다.

그런데 이렇게 좋은 기능을 왜 보험설계사들은 알려주지 않는 걸까? 추가 납입에 대한 금액은 설계사 '수당'으로 잡히지 않기 때문이다. 고객에게 유리한 건, 대부분 설계사에게 불리하다. 보험은 특히 '설계사의 덫'을 조심해야 한다.

족집게 과외 3 내 통장 사용설명서

상담을 하다 보면 간혹 옷값 통장, 자동차 통장, 경조사 통장, 명절 통장, 기념일 통장 등등 무수히 많은 소비 통장을 만들어서 매달 일일이 이체하는 고객을 보게 된다. 누차 언급하지만 뭐든지 단순하고 실천 가능해야 중도에 포기하지 않는다.

애매한 것을 깔끔하게 정리하면 이렇다(〈표 6〉).

소비 통장은 딱 2개만 있으면 된다. 매달 나가는 지출 통장(급여 통장), 1년에 어쩌다 나가는 지출 통장(연 1회성 통장이라고 한다), 이렇게 딱 2개면 된다.

급여 통장은 있으니, 안 쓰는 통장 1개만 더 활용하면 된다(적금 통장, 펀드증권 통장 등은 여기서 제외한다).

남는 통장이 없다면 수시입출금 통장을 하나 만들어서 1년에 어쩌다 나가는 지출의 월평균 금액을 매달 자동이체로 빠져나가게 하면 된다.

예를 들어 〈표 6〉처럼 1년에 어쩌다 나가는 지출이 의류·신발 230만 원, 자동차 관련 130만 원, 보건의료비 12만 원, 경조사비 120만 원, 명절/기념일 100만 원, 휴가비 50만 원이라면 이것을

〈표 6〉 통장 분리표

**월 평균 급여 임금
468만 원**

자동이체	
저축/투자	179만 원
보장성보험	49만 원
대출 상환	원
합계	228만 원

연 1회성 통장	
의류·신발	230만 원
가사용품	원
자동차관련	130만 원
보건의료비	12만 원
경조사	120만 원
명절/기념일	100만 원
휴가/세금/연회비 등	50만 원
연 단위 지출	53.5만 원

급여 통장	
식비	50만 원
주거 비용/광열수도	47만 원
교육비	원
교통통신비	46만 원
문화교제비	23만 원
기타 소비	20만 원
합계	186만 원

전부 합한 다음 12개월로 나누면 월평균 금액이 53만 원이다.

그럼 매달 53만 원을 자동이체로 다른 통장에 넣어버리면, 급여 통장에는 매달 나가는 지출에 대한 예산 186만 원만 남게 된다.

저축, 투자, 보장성 보험, 대출상환 등은 어차피 자동이체를 해놓았을 테니 신경 쓰지 않아도 된다.

급여 통장에 남아 있는 돈 186만 원을 체크카드로 사용하면 된다.

어차피 쓸 돈인데 왜 매달 나가는 지출, 1년에 어쩌다 나가는 지출로 나누어야 할까?

매달 나가는 지출을 예산에 맞게 잘 썼어도, 그 통장에 53만 원이 남아 있다면 야금야금 써버리게 된다. 특히 외식비나 유흥비 명목으로 쓴다.

사실 통장 분리만 잘해놓아도 어느 정도 예산에 맞게 지출할 수 있다. 통장에 그 돈밖에 없으니 어떻게든 그 범위 안에서 지출하려고 할 테니 말이다.

족집게 과외 4. 대출을 아껴 써라

그 어떤 대출이라도 아껴야 한다. 가능한 한 대출을 받지 말라는 뜻이다. 왜냐하면 내가 쉬는 일요일에도 대출 이자는 쉬지 않고 일하기 때문이다.

주택담보대출도 가능한 한 아끼자.

대한민국의 가장 큰 시한폭탄은 가계부채다. 언제 터질지 모르는 폭탄의 뇌관과도 같다. 경제 전문가들은 시도 때도 없이 가계부채가 우리 경제에 심각한 결과를 초래할 수 있다고 경고한다. 아직까지는 양치기 소년의 외침 정도로 생각하는 사람들이 많다. 하지만 우리가 양치기 소년의 거짓말에 무감각해졌을 때 진짜로 늑대가 나타날 수 있다. 그땐 이미 늦는다. 생존 자체가 위협을 받게 된다. '내 집은 꼭 필요하니까'라는 생각으로 주택담보대출을 무리하게 받았다가는 내 집 마련이라는 달콤한 유혹에 생존을 위협받게 될지도 모른다. 집을 사면서 담보대출을 전혀 안 받는 사람이 얼마나 되겠는가? 다만 현재와 미래의 자신의 경제적 능력을 고려해서 결정하자. 적어도 매달 갚는 원금과 이자의 비중이 전체 소득의 20%를 넘기지 않도록 주의하자!

주택담보대출에 이어 요즘 심각한 문제는 과소비 또는 무리한 투자로 인한 신용대출, 대부업체에서 사채를 빌리는 것이다. 실제 대출 상담 사례다.

1 2012년 말, 대기업에 다니는 미혼 남성을 상담했다. 월 급여 400만 원. 그런데 사내대출과 신용대출이 총 5000만 원이었다. 대출 5000만 원을 어떤 용도로 사용하고 있는지 물어보니, 주식 투자에 올인한 상태였다. 당연히 매달 저축할 돈으로 계속 주식을 사들이고 있었다. 월급만으로는 미래가 없다고 생각해서 무리인 줄 알면서도 주식 투자를 시작했다고 한다. 하지만 이미 35%나 손해난 상태. 결혼할 여자친구에게는 비밀이라고 했다. 결혼을 앞두고 있다면 분명 결혼자금이 필요할 텐데, 예비신부가 이 사실을 알게 된다면 어떤 일이 발생할까. 마음이 괴롭겠지만 지금이라도 예비신부에게 털어놓고 주식을 정리하라고 조언했다.

2 남편이 20년 넘게 군복무하다가 제대해서 군인연금을 월 300만 원 가까이 받고 있는 주부를 상담했다. 그런데 남편 몰래 1억 가까운 돈을 대출받은 상태였다. 연 20%가 넘는 고금리 대출이었는데, 대출받은 돈은 이미 전부 써버린 상태였다. 더 기가 막힌 사실

은 대출금의 사용처가 명품 구매와 식사비(친구들에게 한턱 내기 등)라는 것이었다. 방법이 별로 없었다. 대출 이자를 갚을 능력도 없었기 때문이다. 그래서 일단 남편에게 모든 사실을 털어놓고, 주택담보대출을 받아 먼저 고금리 대출을 갚은 후 천천히 다른 대출을 갚아가는 방법을 제안했다.

그런데 아내는 거부했다. 남편이 알면 쫓겨날지도 모른다고 했다. 그럼 일을 해보면 어떻겠냐고 제안했다. 조금씩이라도 스스로 벌어서 갚는 것도 방법이었기 때문이다. 그런데 싫다고 했다. 자신이 해본 일이 없고, 남에게 굽신거리면서 돈 벌기는 끔찍하게 싫다고 했다.

이런 경우는 정말 답이 없다. 남편 몰래 빚내서 탕진하고도 자신이 무엇을 잘못했는지 깨닫지 못하고 있었다. 남편에게 알려지는 것을 각오해야 한다. 그대로 놔두면 가정 자체가 흔들릴 수 있다.

이런 경우 부채로 고통받는 사람들을 위한 채무조정제도가 있으니 상담받길 권한다. 채무조정제도에는 신용회복위원회의 프리워크아웃과 개인워크아웃이 있고, 법원제도인 개인 회생과 파산이 있다. 이자 및 원금 감면이나 분할 상환 등 채무조정에 관한 상담이 가능하다. 혹여나 사채업자에게 불법추심을 당하는 경우 객관적인 증거 자료를 확보하는 것이 중요하다. 욕설이나 협박 등은 휴대전화에 녹음하고, 폭행 등의 위협적인 행동은 동영상으로 촬영해두는 것이 좋다.

부채 상담 시 대부분의 사람들이 착각하는 것 중 하나는 단순히 빚만 해결하면 끝이라고 생각하는 것이다. 그 예가 바로 부채 구제제도를 통해 부채 조정을 한 사람들이 시간이 지나면 다시 부채의 늪에 빠지게 되는 경우다. 왜 이런 일이 발생하는 것일까? 사람은 쉽게 변하지 않기 때문이다.

담배를 하루에 두 갑 피우던 사람이 폐암에 걸려 암수술을 받았다면 회복과 재발 방지를 위해 담배를 끊어야 한다. 만일 수술 이후에도 담배를 계속 피운다면 그 사람의 앞날은 안 봐도 뻔하다. 마찬가지로 부채 발생의 원인이 과소비라면, 채무조정제도를 통해 부채를 감면받거나 조정받는 것보다 과소비 습관을 끊는 것이 더 중요하다.

본인의 의지만으로는 부채를 만드는 습관과 행동을 바꾸기 어려울 수 있다. 그런 경우에는 누군가 옆에 붙어서라도 관리를 해야 한다.

학창시절, 엄마의 감시 때문에 억지로라도 책상에 앉고, 억지로라도 책을 펼쳤던 것처럼 말이다.

수요일

투자의
유혹

주식 투자로
1억을 버는 방법

주식 가격이 '발행 주식 수÷연간 순이익'의 방식으로 결정된다면 가치 투자에 찬성한다.

예를 들어 총 발행 주식은 1만 주, 연간 순이익은 1억 원일 때, 이 주식의 가격은 1만 원으로 설정된다. 그리고 1년 동안 계속 1만 원으로 주식을 사고팔 수 있게 한다.

이런 방식으로 주식의 가격이 결정된다면, 회사의 성장 가능성만 보고 주식에 투자하는 것을 반대할 이유가 없다. 회사의 가치로만 주식 가격이 정해지는 구조라면 말이다(연간 순이익을 가치로

정한다면 말이다).

하지만 주식의 가격은 절대 그렇게 정해지지 않는다. 오로지 수요와 공급의 법칙으로 정해진다. 사는 사람이 많으면 주가는 계속 올라가고, 파는 사람이 많으면 주가는 계속 떨어진다. 회사의 순이익 같은 가치로 결정되는 일은 절대 없다.

회사의 가치가 오를 것 '같아서' 주식을 사는 사람이 많아지면 가격이 오르는 것이지, 회사의 가치가 오른다고 반드시 주식의 가격이 오르는 것은 아니다.

당장 증권사의 HTS를 켜보라(〈그림 2〉).

주가는 단순히 사는 사람과 파는 사람의 가격 싸움이지, 절대 가치 싸움이 아니라는 것을 알 수 있다. 정말 주식 투자를 가치 투자라고 믿고 있다면, 통장 잔고가 바닥날 날이 얼마 남지 않았을지 모른다(〈그림 3〉).

과연 이 회사의 가치가 한 달 만에 5배로 상승했다가 다시 바로 한 달 만에 반 토막이 난 것일까?

다시 강조하지만, 주식은 절대 가치 투자가 아니다. 수요와 공급을 지켜보고 매매 차익을 노리는 '눈치' 게임이다. 흔히 '돈이 돈을 번다'라고 하는데, 그건 완전한 문장이 아니다. '큰돈만 돈을 번

<그림 2> 주식호가창

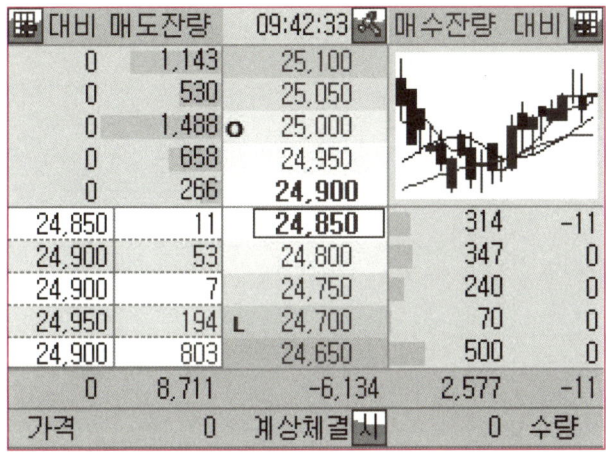

<그림 3> 주식일봉차트

다'라고 해야 맞다. 주식시장에서 늘 손해를 보고 좌절하고 재산을 탕진한 사람들은 큰손이 아니다. 푼돈 모아 목돈 만들어 덤빈 개인들이다. 사람들은 자신의 실패를 자랑하지 않는다. 이상하게 주식시장에서 돈 번 사람들은 여기저기 떠들고 다니는데, 손해 본 사람들은 조용하다. 그들은 단지 주변에 주식 투자를 하겠다는 사람이 있으면 도시락 싸가지고 다니면서 말리겠다는 이야기만 한다. 자신의 실패를 생각하기도 싫고 자신만 실패한 것 같아서 어디 가서 말도 안 꺼낸다. 겉으로 보면 번 사람은 많고 손해 본 사람은 적다. 그래서 나도 한 번 해볼까 하는 생각이 들어 쉽게 뛰어드는 게 바로 주식시장이다.

개인이 1억 원으로 주식 투자를 해서 10% 수익을 냈다면, 1000만 원을 번 것이다. 기관은 1000억으로 주식 투자를 해서 1%만 수익을 내도 10억 원을 벌 수 있다.

10% 수익인데 1000만 원.

1% 수익인데 10억 원.

굉장히 불공평하지 않은가. 이렇듯 큰돈은 훨씬 쉽게 돈을 번다. 하지만 적은 돈은 수익률이 높아도 적게 번다. 이것이 '재테크의 덫'이다.

권투나 레슬링, 유도에는 체급이 있다. 나와 체급이 같은 사람끼

리만 경쟁할 수 있다. 체중이 50킬로그램인 선수가 100킬로그램의 선수와 시합을 하면 과연 상대가 되겠는가?

하지만 주식시장이라는 링 위에는 체급이 없다. 1000만 원 가진 '개미'도, 1000억 원 가진 기관과 맞장을 떠야 하는 바닥이 주식시장이다.

Game is over. Continue?(게임 끝. 계속 하시겠습니까?)

그럼에도 불구하고 주식 투자를 하고 싶다면, 다음 질문에 답해보자.

1. A를 선택하면 500만 원을 무조건 받을 수 있다. B를 선택하면 1000만 원을 받을 수도 있고, 한 푼도 못 받을 수 있다.
2. C를 선택하면 무조건 500만 원을 잃는다. D를 선택하면 1000만 원을 잃을 수도 있고, 전혀 잃지 않을 수도 있다.

A를 선택했다면, 주식 투자를 해서 조금만 수익이 나면 판다는 뜻이다.

D를 선택했다면, 본전 생각 때문에 큰 손실을 보면서도 계속 버틴다는 뜻이다.

우리는 이러한 심리 때문에 주식시장에서 이길 수 없다.

그래도 주식 투자를 하고 싶은가? 진짜 마지막 비밀을 알려주겠다. 단 반드시 비밀은 지켜야 한다. 승률이 100%인 전략이기 때문이다.

주식으로 1억을 만드는 가장 빠른 방법은 바로 2억으로 주식을 시작해서 반 토막이 나는 것이다. 그렇다면 2억은 어떻게 구해야 할까? 4억이 있으면 된다.

게임의 규칙부터 개인투자자가 이길 수 없는 시장이다. 그러니 하지 말라는 소리다. 바로 '주식의 덫' 때문이다.

기업인이 단타매매를 하지 않는 이유

재화와 서비스에는 발행 시장과 유통 시장이 있다. 아파트에 비유하면 누군가는 아파트를 만들고(발행 시장), 누군가는 아파트를 사고판다(유통시장).

누가 더 돈을 쉽게 벌까? 아파트를 짓는 건설회사일까, 아니면 아파트를 싸게 사서 고가에 팔려고 하는 투기꾼일까?

당연히 건설회사다.

주식시장도 마찬가지다. 누군가는 주식을 만들고, 누군가는 사고판다.

마찬가지로 주식을 만든 사람이 주식을 사고파는 사람보다 더 쉽게 돈을 버는 곳이 주식시장이다.

과자를 예로 들어보자. 과자를 팔아 마진을 남겨야 한다.

그러면 편의점에서 과자를 사서 팔아야 할까? 아니다. 편의점 과자에는 이미 마진이 붙어 있기 때문이다. 편의점에서 1000원에 파는 과자를 사서 1200원에 팔려고 하면 누가 사겠는가. 더 싸게 파는 편의점에서 살 것이다.

결국 과자를 사서 파는 것보다, 과자를 직접 만들어 파는 것이 마진을 더 많이 남기는 방법이다.

투자도 마찬가지다. 마진이 최대한 덜 붙은 가격으로 팔 수 있는 사람은 주식시장에서는 회사 대표, 부동산시장에서는 건설업자다.

다음(〈그림 4〉)은 삼성SDS 주식 차트다. 2014년 11월 14일 주식시장에 상장된 첫날 주식의 최초 가격은 38만 원이었다.

20여 년 전 액면가 5000원으로 주식을 '만든' 사람은 7600%의 수익률을 거뒀다. 이후 37만 5000원이라는 엄청난 마진이 붙었고, 개미들은 조금 더 수익을 붙여 자기들끼리 사고팔고 한다.

결국 주식으로 더 안전하게 돈을 벌려면 주식 자체를 만들어야

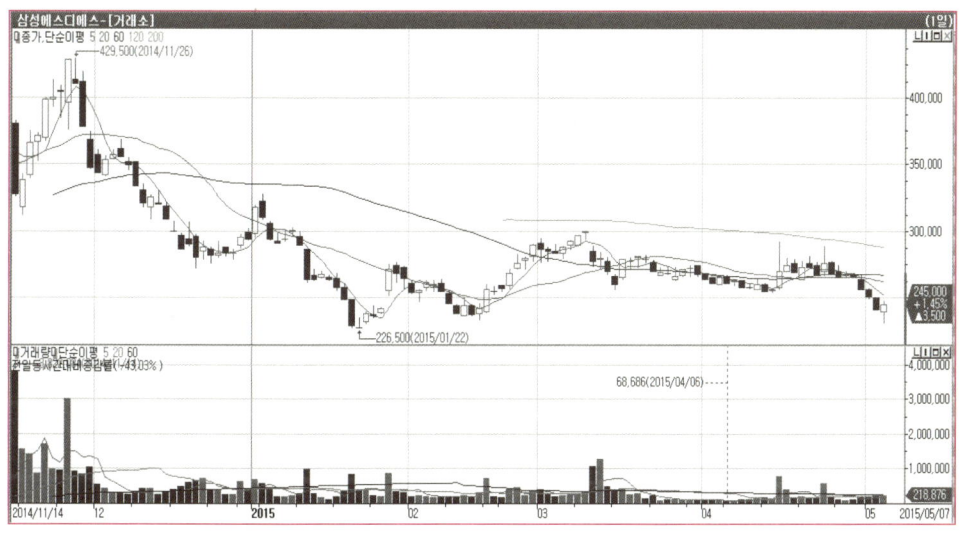

〈그림 4〉 삼성SDS 일봉차트

한다. 물론 주식을 만들려면 우선 기업을 만들어야 하고, 주식을 발행해서 시장에 내놓을 만큼 성장시켜야 한다. 아무나 할 수 있는 일이 아니다. 주식을 만들어 상장해서 돈을 벌려면 회사의 규모와 가치를 키워야 하니 보통 어려운 게 아니다. 그런 모든 것을 다해냈을 때 주식이 기업을 살리고, 다시 기업이 성장해나간다.

부동산으로 돈을 벌려면 건물 자체를 만들어 팔아야 한다. 이것이 가장 성공 확률이 높은 투자 방법이다. 기업인들은 주식 단타 매매를 하지 않는다. 그 시간에 기업을 만들고, 주식을 만든다. 결국 그들은 기업을 성장시킴으로써 더 큰 이익을 거둔다. 하지만

기업이 망하면? 주식으로 이익을 내기는커녕 엄청난 손해를 보게 된다. 기업 경영 역시 매우 위험도가 높은 투자시장이다. 세상에 쉬운 일은 하나도 없다.

정말 진지하게 충고한다. 이길 수 없는 싸움에는 덤비지 말아야 한다.

소매업자는 도매업자보다 더 이익을 낼 수 없고, 도매업자는 제조업자보다 더 이익을 낼 수 없다. 종종 종자돈을 모아 푼돈이라도 번다며 단타매매에 뛰어드는 사람들이 있다. 푼돈이 한두 번 생기면 큰돈을 벌고 싶은 게 사람의 심리다. 푼돈 벌 때는 세심해도 큰돈 벌 때는 이성이 마비되는지 위험 요소를 잘 보지 못한다. 푼돈 모아 종자돈 만들었는데, 푼돈 벌자고 종자돈 날리는 꼴이 된다. 적게 번다고 크게 욕심내면 적게 번 것마저 다 사라진다는 사실을 잊지 말자.

나라면 안 당한다?

희대의 사기꾼 조희팔을 모르는 사람은 없을 것이다. 2004년부터 2008년까지 5년 동안 전국에 10여 개의 피라미드 업체를 차리고 의료기기 대여업으로 연 30~40%의 고수익을 보장한다고 속여 약 4조 원을 가로챈 대한민국 최대 사기 사건의 주인공이다. 그에게 속아서 돈을 날린 사람이 3만여 명에 이른다.

"연 30~40%를 준다는데, 딱 보면 사기인 거 모르나?"라고 의아해하는 사람이 많다. 하지만 3만여 명에 이르는 피해자들이 전부 우리보다 금융 지식이 부족했을까? 우리보다 세상물정을 잘

〈그림 5〉 교수공제회 사기 사건 기사

매일경제

2012년 09월 27(
31면 (사회

교수공제회 설립자 일가족 550억 빼돌려

교수 5400명 12년간 당했다

빌딩·주택만 8채에 고급자동차 15대 굴려

전국교수공제회 횡령 사건의 전모가 드러났다. 교수공제회 설립자와 그의 부인, 자녀, 처남 등 일가족이 족벌 체제로 공제회를 운영하며 저지른 합작품이었다.

수원지검 특수부(부장검사 이주형)는 26일 전국교수공제회란 임의단체를 만든 이 모씨(60·총괄이사)를 횡령 등의 혐의로 구속기소하고 이씨 부인(57), 아들 2명(36·34), 처남(54)을 같은 혐의로 불구속기소했다. 검찰은 또 교수공제회장 주 모씨(79)와 공제회 이사(57·대학교수), 회원관리부 과장(35)을 유사수신 공범으로 불구속기소했다. 특히 이씨 일가족은 이사(아내·처남), 회원관리부 실장(아들), 법무팀장(아들) 등 공제회 주요 간부로 활동하며 교수들이 낸 예·적금을 빼돌렸다. 검찰에 따르면 이씨 등은 2000년 2월부터 지난달까지 전국 대학 전임강사 이상 교수 5486명으로부터 6771억원을 유사수신하고 이 가운데 558억원을 횡령한 혐의다.

1998년 1월 한국교직원공제회를 모방해 전국교수공제회를 만든 이씨는 2000년 2월 모 대학총장을 지낸 주씨를 명목상 회장으로 추대한 뒤 금융감독원 허가 없이 유사수신을 시작했다. 교수들이 매월 14만5000~46만20000원의 적금을 납입하면 정년퇴직 시 23.7%~150.5%의 이자를 원금에 가산해 지급하고 5000만~1억5000만원을 1~3년간 예금하면 연리 7.47~9.35%의 선이자를 지급하는 조건으로 자금을 유치해왔다.

이씨는 이렇게 확보한 자금 가운데 312억원을 가족 명의로 빌딩 2개, 서울 평창동 고급주택 4채 등 8건의 부동산을 구입하거나 신축하는 데 사용했다. 이씨는 이와 별도로 금융회사에 87억원을 예치하고 미국에 있는 딸에게 14억원을 송금하거나 24억원을 세금으로 납부하는 등 총 558억 원을 빼돌렸다. 횡령한 돈으로 구입한 자동차 15대 가운데 7대는 이씨 일가 소유였다. 교수공제회를 설립하기 전 5억5391만원에 불과했던 이씨 일가 재산은 12년간 공제회를 불법으로 운영하면서 100배나 늘었다.

검찰은 "교수 310여 명을 비롯해 교수 출신 국회의원 등 유력 인사도 피해를 입었고 3억원 이상 피해자가 320명, 10억원 이상 피해자도 13명으로 집계됐다"고 밝혔다.

검찰 조사 결과 현재 교수공제회 자산은 1744억원으로 환급해줘야 하는 2829억원에 1085억원이나 부족하다. 검찰은 이씨 일가가 소유한 재산을 환수할 예정이다.

지홍구 기자

모르는 사람들이었을까?

교수들을 상대로 한 교수공제회 사기 사건도 있었다(〈그림 5〉). 교수도 당하는데, 우리라고 안 당한다는 보장이 있을까?

최근엔 정부 차원에서 크라우드 펀딩(후원, 기부, 대출, 투자 등을 목적으로 웹이나 모바일 네트워크 등을 통해 다수의 개인으로부터 자금을 모으는 행위)을 정책적으로 육성하고 있다. 자금이 부족해서 꽃도 피우지 못한 채 사라지는 창업 기업을 육성하기 위한 것인데, 연 수익률은 보통 8~10% 내외다.

이런 추세를 기반으로 불특정 투자자들에게 자금을 모집하여, 나중에 투자하는 사람의 원금으로 앞의 사람에게 수익을 지급하는 일명 '돌려막기'식 사기 행각이 기승을 부리고 있다. 정부에서도 적극적으로 크라우드 펀딩을 육성하는 상황이니, 여러 투자처에 대한 의심은 상대적으로 적어질 수밖에 없다.

문제는 투자상품을 조금만 그럴싸하게 포장하면 얼마든지 사기로 발전할 가능성이 있다는 데 있다. 그래서 투자를 결정할 때는 반드시 두 가지 리스크를 검증해야 한다.

하나는 대표 리스크, 다른 하나는 운용 리스크다. 대표 리스크는 '먹튀' 리스크라고도 표현하는데, 말 그대로 회사 대표가 투자금만 챙기고 튀는 것이다. 운용 리스크는 회사가 투자금을 운용하면서 입을 수 있는 투자 손실을 말한다. 하지만 회사의 내부 관계자가 아닌 이상, 이런 리스크들을 검증하기는 매우 힘들다.

일반적으로 운용 수익이 발생하는 회사는 먹튀를 할 가능성이 낮다. 수익을 내는 데 어떤 바보가 범죄를 저지르겠는가. 수익을 낼 능력이 없으니, 돌려막기로 버티다 결국에는 튀는 것이다. 때문에 그 회사가 수익을 내고 있다면 먹튀 가능성은 상당히 낮다고 볼 수 있다.

증권사 공식 HTS에 노출되어 있는 회사라면 운용 리스크에 대한 검증은 비교적 쉽다. 주식, 선물, 옵션 등의 증권사 상품으로 운용하는 회사라면, HTS상의 월별 수익 현황을 보면 실제 운용 현황과 수익 내역을 알 수 있기 때문이다. 물론 이것도 조작인지 아닌지 검증해야 한다.

제도권 내에 있고 공개된 자료나 정보라고 해도 한 번쯤은 반드시 의심하기 바란다.

나 역시 투자와 자본주의는 떼려야 뗄 수 없는 관계라고 생각하고, 나름 투자 경력이 있어 남들보다는 투자처에 대한 검증을 잘한다고 생각했다. 하지만 절대 쉽지 않았다. 계속 검증을 철저히 해야 한다고 외치는 이유는 나와 내 고객이 피해를 경험했기 때문이다. 자괴감과 고통을 이루 말할 수 없고, 그 후유증 또한 컸다.

투자는 항상 신중하고 또 신중해야 한다. '나는 안 당하겠지' 하고 방심해서는 절대 안 된다.

싼 건
반드시 이유가 있다

증권사에서 판매하는 펀드는 상품마다 차이가 있지만 일반적으로 연 2~2.5%의 수수료를 뗀다. 최근에는 연 1% 정도의 수수료만 떼는 온라인 펀드가 등장했다. 이 때문에 많은 사람들이 온라인 펀드에 시선을 돌리고 있다.

펀드 투자는 혼자서도 잘할 수 있지 않느냐고, 그렇다면 수수료가 적은 펀드를 활용하라고 권하는 듯하다. 과연 혼자서도 펀드 수익을 잘 낼 수 있을까?

〈표 7〉은 신영밸류고배당증권투자신탁(주식) A형 펀드의 일별

〈표 7〉 신영밸류고배당증권투자신탁(주식) A형 펀드의 일별 시세 정보

날짜	기준가	전일대비	등락률(%)	설정액(억)	순자산액(억)	과표기준가
2016.02.05	960.41	▲16.11	1.71	8,024	7,706	1,012.30
2016.02.04	944.30	▼4.74	−0.50	8,017	7,570	1,012.25
2016.02.03	949.04	▼10.58	−1.10	8,019	7,610	1,012.28
2016.02.02	959.62	▲4.74	0.50	8,012	7,688	1,012.30
2016.02.01	954.88	▲10.09	1.07	8,007	7,646	1,013.52
2016.01.29	944.79	▲2.60	0.28	8,001	7,559	1,013.57
2016.01.28	942.19	▲12.68	1.36	7,990	7,528	1,013.60
2016.01.27	929.51	▼6.53	−0.70	7,972	7,410	1,013.50
2016.01.26	936.04	▲4.66	0.50	7,947	7,439	1,013.52
2016.01.25	931.38	▲13.06	1.42	7,934	7,390	1,013.54

시세 정보다. 하루에도 1% 이상 등락을 거듭하는 경우가 많다. 1년이 아니라 단 하루에!

온라인 펀드로 연 수수료 1~2%를 줄이는 것이 펀드 투자의 핵심이 아니다. 진짜 핵심은 펀드를 언제 살지, 그리고 언제 팔지를 아는 것이다. 이를 위해서는 감정을 배제하고 '원칙'에 따라 결정할 수 있는 펀드 투자 권유 대행인의 도움을 받는 것이 좋다.

한 달 사이에도 10% 이상 수익률이 오르내리는 것이 펀드다. 펀드 투자 권유 대행인이 펀드 환매 시점만 잘 안내해준다면, 크게는 10% 이상 수익률을 낼 수도 있다. 연 수수료 1% 때문에 연 수익률 10%를 놓치는 소탐대실을 하면 안 된다.

수익이 높다고 하니까, 다들 산다고 하니까 펀드 투자를 해서는 절대 안 된다. 남들 다 한다고 해서 너도 나도 중국 펀드에 가입했다가 2007년도 서브프라임 모기지 사태 때 다 같이 반 토막이 난 사례를 잊어서는 안 된다.

투자를 할 때는 언제 사고, 언제 팔지에 대한 원칙을 가지고 있어야 한다.

중국 펀드에 투자한 사람이라면 반드시 봐야 할 차트가 상하이 종합지수다(〈그림 6〉). 2014년부터 적립식으로 납입하다가 2015년도에 지수기 급등했을 때 어떻게 대응해야 할까?

나의 펀드 투자 원칙은 크게 두 가지다.

첫째, 언제 사야 할 것인가? 해당 국가의 주가지수 차트에서 20일 이동평균선이 60일 이동평균선 아래 있을 때 적립식으로 주식형 펀드를 시작한다(목돈을 한 번에 넣는 거치식 투자는 채권형펀드만 활용한다). 수익률이 10%에 이르면 절반을 환매한다. 나머지 절반은 주가지수 차트에서 현재 주가가 20일 이동평균선을 하향하면 환매한다.

지금도 중국 펀드를 제때 환매하지 못해서 20~30% 이상 손실을 보고 있는 투자자가 많다. 하지만 나만의 원칙을 세워놓으면

〈그림 6〉 상하이 종합지수 월봉차트

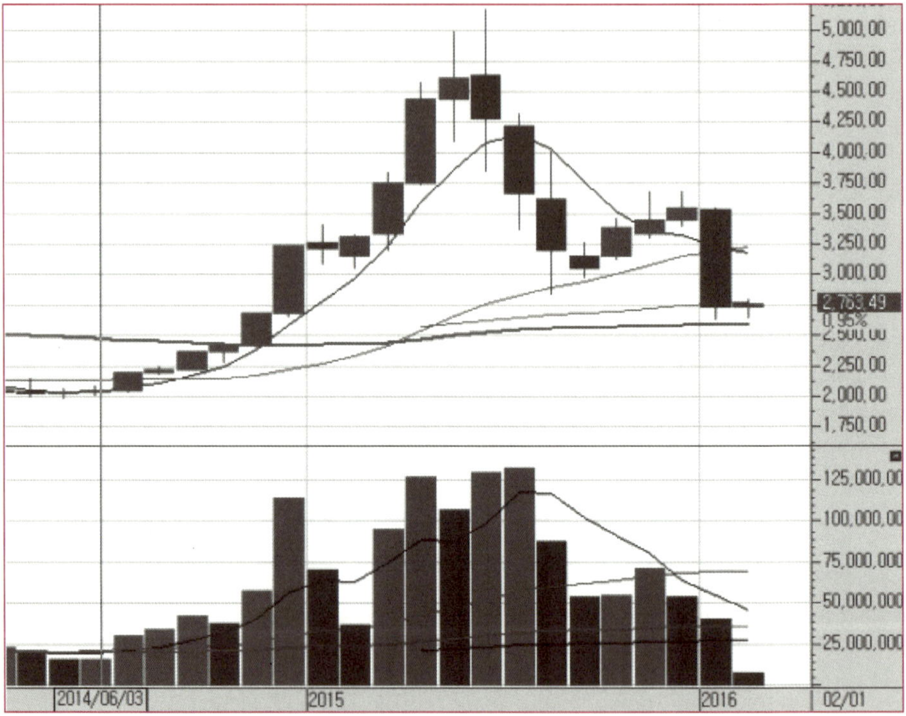

이런 상황은 벌어지지 않는다.

결국 나만의 펀드 투자 원칙을 세워야 한다.

"주가가 더 오를 것 같은데."

"주가가 더 떨어질 것 같은데."

이런 말은 원칙이 아닌 감정이다. 감정을 배제한, 문장으로 표현

가능한 원칙이 있어야 한다.

개인적인 생각이지만, 펀드 투자를 하려면 투자하는 나라의 종합주가지수를 매일 봐야 한다. 그리고 원칙을 적용해서 대응해야 한다. 하루아침에 장이 폭락할 수 있기 때문이다. 하지만 직장인이 매일 차트를 보며 대응하기는 매우 어렵다.

직장생활을 하면서 펀드 투자를 하는 가장 현명한 방법은, 그 일을 본업으로 삼는 전문가에게 위탁하는 것이다.

회사에서는 근무 시간에 몰래 차트를 보는 것보다, 열심히 직장생활을 해서 월급을 10만 원이라도 올려 받으려는 노력이 바람직하다. 월급이 10만 원 오르면 연 120만 원이니 이득을 보는 셈이다. 1200만 원을 주식에 투자해서 연 10% 수익을 내는 효과다.

펀드 수익은 +α로 생각해야 한다.

'약은 약사에게, 진료는 의사에게'라는 말이 있다.

나는 내가 가장 잘할 수 있는 일을 하고, 나머지는 전문가에게 위탁하는 방법을 찾아보자. 펀드 투자도 감정이 배제된 '원칙'에 따라 움직이는 펀드 투자 권유 대행인에게 위탁하는 것이 가장 현명한 방법이다.

도박장에서 돈을 버는 건 도박장 주인뿐

증권사 광고에서는 당신이 힘들게 사는 이유를 투자하지 않기 때문이라고 외쳐댄다. 심지어 은행에서도 펀드 투자를 권한다.

방카슈랑스는 은행(bank)과 보험(assurance)을 결합한 말이다.

이젠 은행에서도 보험, 펀드 등 증권사나 보험회사 상품을 판매한다.

일반적으로 은행은 증권사나 보험회사보다 신뢰감을 주기 때문에 보험회사와 증권사는 은행을 통해 상품을 판매하는 치밀한 전략을 펼치고 있다.

은행 입장에서도 정부의 예대마진(예금 이자와 대출 이자의 차이를 마진으로 남기는 것) 인하 압박으로 인해 보험과 펀드 판매에 열을 올리고 있다.

궁금하다. 증권사는 고객의 자산을 더 잘 굴릴수록 수익이 증가할까?

"저금리시대 '시중금리+α'로 포장… 작년 수수료만 7700억 수익."

2016년 2월 4일자 《문화일보》 기사 제목이 보여주듯이, 고객의 자산이 마이너스가 되건 플러스가 되건 증권사는 판매 수수료와 운용 수수료로 많은 돈을 번다.

가장 합리적인 수수료는 고객의 자산에서 수익을 낸 금액의 몇 퍼센트로 산정해야 하지 않을까?

예를 들어 고객이 1억 원을 위탁하여 증권사에서 1억 1000만 원으로 불렸다면, 수익금인 1000만 원의 20%, 즉 200만 원을 수수료로 받는 것이다. 판매 수수료, 운용 수수료가 아닌 성과 수수료를 받아야 합리적이다. 그래야 수익을 내기 위해 노력하지 않겠는가.

참고로 증권사 내에 주식 운용을 맡길 수 있는 별도의 부서가 있다. 이 부서를 알고 있는 고객들은 자신의 돈을 위탁하고도 별도의 보수를 내지 않는다. 그럼에도 불구하고 고객의 주식을 운용해주는 이유는 무엇일까?

증권사 주식운용부의 주된 수입원은 주식을 사고팔 때 발생하는 증권 거래 수수료다. 주식을 사고팔 때 수수료가 발생한다. 수익이 나든 손실이 나든 상관없다.

물론 모두가 그런 것은 아니겠지만, 당일 주식 수수료가 부족하다 싶을 때는, 장 마감 전에 고객이 위탁한 돈으로 아무 주식이나 샀다가 바로 파는 경우도 있다. 매매 회전이 많을수록 수익이 나는 구조이기에 발생하는 병폐다. 당연히 사고팔 때 발생하는 수수료는 고객의 계좌에서 빠져나간다. 결국 증권사만 돈을 버는 구조다.

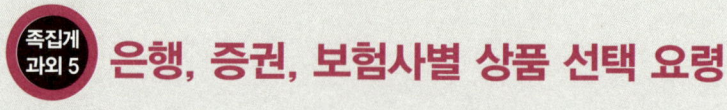
은행, 증권, 보험사별 상품 선택 요령

1억 원을 들고 은행이나 증권회사, 보험회사를 방문하면 과연 어떤 반응을 보일까? 과연 세 곳 다 같은 대답을 할까?

은행은 은행에서 판매하는 상품을, 증권회사는 증권회사에서 판매하는 상품을, 보험회사는 보험회사에서 판매하는 상품을 권유할 것이다.

절대 우리의 상황을 고려하여 최적의 금융상품을 권해주지 않는다. 더 노골적으로 말하면, 그들은 우리의 상황을 알고 싶어하지도 않는다. 우리의 말을 들어줄 시간조차 없다.

은행

은행은 무조건 적금과 예금, 두 가지만 활용하라.

요즘은 은행도 대출 수익만으로는 부족해서 펀드와 보험을 판매해서 수수료를 벌어들인다. 펀드, 보험은 가입한 후의 관리가 더 중요하다. 하지만 은행 직원은 가입만 권유할 뿐 관리해주지 않는다. 팔고 나면 그만이다.

직장인이 평일에 은행을 방문하려면 주로 점심시간을 이용해야 한다. 예전엔 은행 갈 일이 있으면 어쩔 수 없이 점심을 거르고 은행에 갔는데, 이제는 스마트폰 뱅킹으로 적금과 예금에 다 가입할 수 있다.

그나마 이자가 조금이라도 더 높은 곳을 원한다면 저축은행을 추천한다. 저축은행이 혹여나 영업정지를 당하더라도 5000만 원까지 예금자 보호를 받을 수 있고, 2000만 원은 가지급금으로 빠른 시일 내에 찾을 수 있으니 안심해도 된다.

한 금융회사당 예금자 보호는 5000만 원이 한도다. 만약 2억 원을 예금하고 싶다면 A은행 5000만 원, B은행 5000만 원, C은행 5000만 원, D은행 5000만 원, 이런 식으로 분산 저축해야 한다.

스마트한 시대에 스마트하게 은행을 이용하자.

증권회사

CMA와 펀드, 이 두 가지만 알고 있으면 된다.

CMA는 증권회사의 금융상품을 활용하기 위해서 기본적으로 만들어야 하는 수시입출금 통장이다(국공채, CD(양도성 예금증서) 등에 투자해서 발생한 수익금을 되돌려주는 실적 배당형 금융상품).

펀드에는 매달 투자금을 불입하는 적립식과, 목돈을 한 번에 투자하는 거치식이 있다. 펀드에 투자하려면 적립식을 권한다. 거치식은 피하는 것이 좋다(거치식은 채권형펀드로만 하자). 투자를 통해 큰 수익을 노리는 것보다, 지키는 것을 우선순위로 삼아야 한다.

적립식 펀드를 권하는 이유가 있다. 적립식으로 매달 불입하면 가격이 떨어질 때마다 싼 가격으로 조금씩 더 사게 되어 평균 단가를 낮추는 효과가 있지만, 거치식은 한 번에 투자하는 것이기 때문에 가격이 하락하면 큰 손실을 본다. 속칭 물린다고도 한다. 거치식으로는 큰 수익을 볼 수도 있지만, 한 번에 큰 손실을 볼 수도 있다.

이해를 돕기 위해 사과를 사고파는 것과 적립식 투자를 비교해 보자(〈그림 7〉).

1일의 사과 시세는 1000원이다. 만약 1일에 1000만 원으로 사과를 전부 샀다면, 2일부터 사과 값이 하락하다가 10일에 다시 1000원이 되었다고 하더라도 사과에 마진을 붙여 팔 수 없다. 사과를 구입한 평균 가격이 1000원이기 때문이다.

하지만 1일부터 10일까지 매일 100만 원어치씩 사과를 샀다면, 10일에 사과 값이 1000원을 회복하면 마진을 남길 수 있다. 왜냐하면 평균 가격이 660원이기 때문이다. 수익률은 무려 30%가 넘

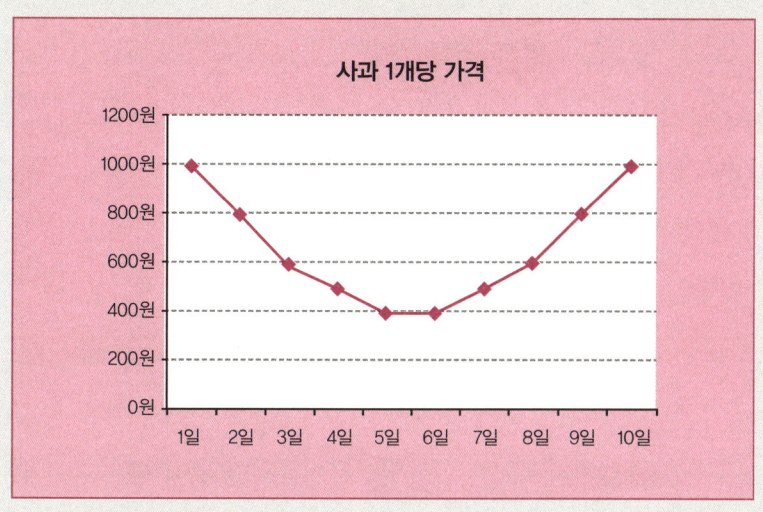

〈그림 7〉 적립식 투자 예시표

는다(1000만 원 투자해서 340만 원의 수익이 생겼으므로).

투자를 할 때는 지키는 것이 우선이다. 펀드는 적립식으로만 하자!

국내 펀드는 최소 3년 이상 운용하여 성과가 좋은 펀드를 선택하는 것이 좋다. 포털사이트에서 '펀드닥터'를 검색하면 다양한 종류의 펀드 정보를 살펴볼 수 있다.

해외 펀드는 1970~1990년대의 우리나라 경제 상황과 인구 구조가 비슷한 나라에 투자하는 것을 추천한다. 내가 가장 눈여겨보는 것은 출산율이다. 출산율이 2명 이상인 곳을 노려야 한다. 인도,

베트남, 미얀마, 라오스, 인도네시아, 말레이시아 등 동남아권 나라를 눈여겨볼 만하다.

앞으로 발전 가능성이 있는 나라 위주로 접근해야 한다. 이미 성숙기에 접어든 나라는 피하는 것이 좋다.

우리나라 자산 규모는 세계 시장의 약 3%밖에 되지 않는다. 가능하면 해외 펀드에 눈을 돌리는 것이 바람직하다고 생각한다.

또한 연금저축펀드를 활용하면 좋다. 연금저축펀드는 연간 400만 원까지 불입한 금액에 대해서 16.5%의 세금 혜택을 받을 수 있다. 즉 월 34만 원씩 1년 동안 납입하면 400만 원이 되는데, 근로소득이 연 5500만 원 이하인 경우에는 연말정산 때 66만 원을 세액공제로 환급받을 수 있다는 말이다. 연간 펀드 수익률이 0%여도, 16.5% 수익을 낸 효과를 볼 수 있는 것이다. 그렇다고 월 소득에 상관없이 매달 34만 원을 불입하라는 뜻은 아니다.

자신의 상황에 따라 연금저축펀드 가입 여부도 달라질 수 있다. 연금저축펀드에 납입한 돈은 노후가 될 때까지 묶이기 때문이다.

연금저축펀드도 시장 상황에 따라 주식형으로 할지 채권형으로 할지, 국내형으로 할지 해외형으로 할지 잘 선택하고 변경해야 한다.

원금 보장이 안 되는 상품이기 때문에, 그냥 내버려두면 적금을

든 것보다 못한 상황이 발생할 수 있다. 세액공제라는 장점이 있는 대신, 원금 손실의 가능성이 있다.

이때도 마찬가지로 언제 변경할 것인가에 대해 '감정이 배제된 원칙'을 가진 펀드 투자 권유 대행인과 상담하는 것이 좋다. 말 그대로 연금펀드는 노후에 연금 수령 목적으로 가입한 상품이고, 그때까지 이 상품을 잘 관리해야 하지 않겠는가.

2016년 3월 14일에 출시된 ISA(개인종합자산관리계좌) 제도가 있는데, 이것도 신경 쓰지 않았으면 한다.

당초 ISA는 정부가 중산층 및 저소득 서민의 재산 형성을 돕기 위해 세금 수입을 포기하고 새롭게 시행하는 혁신적인 상품이라고 선전했는데, 이 상품도 결국 금융사의 배불리기 아니냐는 비판이 일고 있다.

예를 들어 ISA를 운용하여 연 2% 정도의 수익률을 올린다고 가정하면 통합 수익에서 수수료를 빼고 나면 오히려 예금 이자 소득세 15.4%를 지불한 것보다 못한 결과가 발생하게 된다. 현재 국내 주식형펀드는 매매 차익에 대해서 비과세이고, 해외 비과세 펀드도 출시된 상태다.

장점만 있는 상품은 없다. 반드시 그들이 말해주지 않는 단점까지 찾아봐야 한다. 가입한 투자상품이 하나도 없다고 해서 불안해

하지 말자.

우리에게는 수익률보다 저축률이 중요하다고 앞에서 언급했다. 저축률을 높여 그 돈을 저금통에만 넣어도 지금보다 나아질 수 있다.

어떤 투자상품에 가입할 것인가보다는, 어떻게 저축률을 높일 것인지를 먼저 고민해야 한다.

보험회사

보험만큼 정답正答이 없는 게 없다. 하지만 정해놓은 답, 즉 정답定答은 있어야 한다. 내가 정한 답은 이렇다.

1. 보장성 보험

2014년 통계청에서 발표한 한국인의 사망 원인 1~3위는 다음과 같다.

암 30.2%

심장 질환 10.5%

뇌혈관 질환 9.7%

즉 암, 심장, 뇌혈관 질환으로 인한 사망이 전체의 약 50%를 차

〈표 8〉 10대 사망 원인(2014년)

사망 원인	사망자 수(명)	사망률(인구 10만 명당)	전년대비 증감률(%)*
악성신생물(암)	76,611	150.9	1.3
심장 질환	26,588	52.4	4.4
뇌혈관 질환	24,486	48.2	−4.2
고의적 자해(자살)	13,836	27.3	−4.5
폐렴	12,021	23.7	10.8
당뇨병	10,526	20.7	−3.7
만성 하기도 질환	7,171	14.1	1.0
간 질환	6,635	13.1	−0.9
운수 사고	5,700	11.2	−5.8
고혈압성 질환	5,061	10.1	6.5

* 전년대비 증감률은 사망률을 기준으로 계산함. 자료: 통계청

〈그림 8〉 성별 사망 원인 순위(2014년)

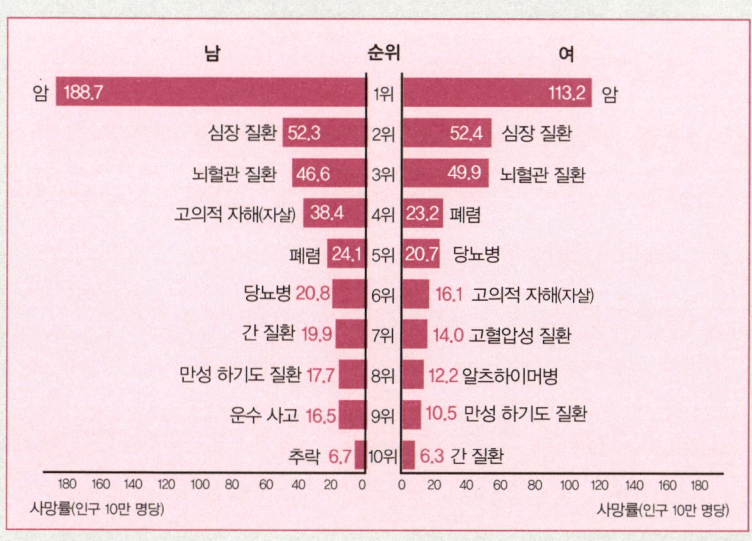

자료: 통계청

지한다. 확률이 높고 발병 시 치명적인 이 세 가지 질병을 중심으로 보험설계를 한다.

- **사망 진단금** — 생명보험사로 연봉의 3배 설정(주소득원의 사망 시 남은 부소득원이 정신을 추스르고 직업을 구하는 데 통계학적으로 2.5~3년 소요) — 일반적으로 1억 원
- **암 진단금** — 손해보험사로 1년치 연봉 설정(암 발병 시 최소 1년간 소득생활이 힘들어지므로 1년간의 생활비 보완) — 일반적으로 3000만 원
- **뇌혈관 질환 진단금** — 손해보험사로 1년치 연봉 설정(암과 마찬가지로 최소 1년간 소득생활이 힘들어지므로 1년간의 생활비 보완) — 일반적으로 3000만 원
- **심장 질환 진단금** — 손해보험사로 1년치 연봉 설정(암과 마찬가지로 최소 1년간 소득생활이 힘들어지므로 1년간의 생활비 보완) — 일반적으로 3000만 원
- **실손의료보험** — 손해보험사로 가입(병원비 지출 보완)

일반적인 개인을 기준으로 보험료 지출을 최소로 산정한 내가 생각하는 정답定答이다.

보험은 확률과 통계를 근거로 가정경제에 발생할 수 있는 치명적인 위험을 보험회사에 이전시키려고 가입하는 것이다. 이때 온갖 특약을 다 넣어서 보험료를 높이면 저축률을 떨어뜨릴 수 있다.

그렇다고 해서 현재 개인의 보험이 위의 기준과 맞지 않는다고 무작정 기존 보험을 해지하고 신규로 가입하는 것은 상당히 위험하다. 해지 외에도 감액완납, 연장정기제도 등 기존의 보험을 유지하면서 조정하는 방법도 있다. 또한 가족력 등 개인의 상황에 따라 보험 설정 방법은 다를 수 있으므로 재무상담사의 도움을 받는 것이 좋다.

2. 저축성 보험
- **변액연금보험**(연금개시 시점까지 유지 시 원금 보장 / 채권형펀드 최소비율 있음(일반적으로 50% 이상).
- **변액유니버셜보험**(원금 비보장 / 주식형펀드 비율 100% 가능)

둘 중 어느 상품에 가입할지는 본인의 투자 성향에 따라 결정하면 된다. 대신 반드시 지켜야 할 조건이 있다.

① 월 소득의 20%를 넘기지 말자.
② 추가 납입 한도 200%를 반드시 활용하자.
③ 시장 상황에 따라 반드시 펀드 변경을 해야 한다.
④ 펀드 운용력이 우수한 상품을 선택한다.

예를 들어 월 소득이 200만 원인 경우 소득의 20%는 40만 원이다. 그렇다면 20만 원 기본 가입에 20만 원 추가 납입하는 것을 추천한다. 이후 소득이 300만 원으로 늘면 그때 20만 원을 더 추가 납입하면 된다.

더 보수적으로 접근하고 싶다면 '10만 원 기본 가입 + 20만 원 추가 납입'을 권한다.

추가 납입 200%를 적극 활용해야 한다. 추가 납입 수수료가 0%인 상품을 잘 선택한 후, 원금 회복 시점을 빨리 앞당기는 것이 핵심이다.

그리고 시장 상황에 따라 펀드 변경을 해야 한다. 시장의 상승 국면과 하락 국면에 따라 주식형펀드와 채권형펀드의 비율을 조정하지 않으면 적금을 가입한 것보다 못한 상황이 발생할 수 있다.

예를 들어 주식형펀드 설정으로 3년을 적립식으로 납입해서 수익률 10%에 이르렀다가, 4년째 되는 해에 시장이 마이너스 30%

로 고꾸라지면 오히려 손해가 발생한다. 핵심은 수익이 발생하는 시점에 쌓인 적립금을 채권형펀드로 언제 전환하느냐다. 펀드 변경 기준이 있는 투자 권유 대행인을 잘 만나는 것이 중요하다.

또한 펀드 운용 실적이 좋은 상품을 잘 선택해야 한다.

시장 상황은 같은데 분명 회사마다, 상품마다 운용 수익률에 차이가 난다. 생명보험협회 홈페이지에 접속하면 국내에 변액보험을 판매하는 모든 생명보험사의 펀드 운용 현황을 조회할 수 있다. 가능하면 과거에 운용 실적이 우수했던 보험회사의 상품을 선택하는 것이 좋다. 물론 과거의 수익률이 미래의 수익률을 보장하는 건 아니다. 하지만 전교 1등을 열 번 해본 사람이 다음에도 1등 할 확률이 높을까? 아니면 단 한 번도 1등 해본 적이 없는 사람이 1등 할 확률이 높을까?

월 소득의 20%를 초과해서 변액연금보험이나 변액유니버셜보험에 가입하는 우를 범하지 말자. 사업비는 사업비대로 떼이고, 어쩔 수 없이 해지하면서 원금도 못 챙기는 일이 생길지도 모른다. 누가 어떻게 권했든 선택은 내 몫이고, 그 결과도 내가 책임져야 한다.

목요일

새로 쓰는 인생시간표

여행 계획보다 못한 인생 계획

휴가철에 해외여행을 가려면 비행기 표와 숙소 예약은 기본이고 날짜별·시간별 일정을 짜고 심지어 무엇을 먹을지까지 계획한다. 이처럼 여행 계획은 꼼꼼히 짜면서 인생 계획은 세우지 않는 사람이 많다. 여행은 언제든 갈 수 있지만 인생은 단 한 번뿐인데도 말이다.

인생 계획이 너무 막연하고 거창하다면 적어도 우리가 필요한 시점에 돈을 쓸 수 있게끔 자금 계획만이라도 세워야 한다.

〈표 9〉 월 저축액 계산 ①

재무목표	예상 시기	필요 금액	필요 저축액(월)
여행자금	3년 후	500만 원	14만 원
결혼자금	3년 후	5,000만 원	139만 원
주택자금	5년 후	5,000만 원	83만 원
비상금	10년 후	2,000만 원	17만 원
합계		1억 2,500만 원	253만 원

 이런 식으로 계산해보자. 3년 후의 여행자금 500만 원을 모으려면 매달 14만 원씩 저축하면 된다(〈표 9〉).

 막연히 돈을 모으는 것과 매달 필요한 저축액을 실제로 계산해보는 것은 엄청난 차이가 있다.

 500만 원이라면 굉장히 멀어 보이지만, 매달 14만 원이라고 하면 확실히 피부에 와닿는다. 뭐든지 실천 가능해 보여야 할 마음이 생기니 반드시 이런 식으로 계산하는 습관을 가져보자.

 3년 후에 필요한 결혼자금 5000만 원을 모으려면 매달 139만 원을 저축해야 하는데, 현실적으로 부담이 된다면 방법은 두 가지다.

〈표 10〉 월 저축액 계산 ②

재무목표	예상 시기	필요 금액	필요 저축액(월)
여행자금	3년 후	500만 원	14만 원
결혼자금	**5년 후**	5,000만 원	**83만 원**
주택자금	5년 후	5,000만 원	83만 원
비상금	10년 후	2,000만 원	17만 원
합계		1억 2,500만 원	197만 원

〈표 11〉 월 저축액 계산 ③④

재무목표	예상 시기	필요 금액	필요 저축액(월)
여행자금	3년 후	500만 원	14만 원
결혼자금	3년 후	**3,000만 원**	**83만 원**
주택자금	5년 후	5,000만 원	83만 원
비상금	10년 후	2,000만 원	17만 원
합계		1억 500만 원	197만 원

첫째, 기간을 늘린다(〈표 10〉).

둘째, 목표액을 낮춘다(〈표 11〉).

결혼자금 저축 기간을 3년에서 5년으로 늘리면 월 저축액이 139만 원에서 83만 원으로 줄어든다.

목표액을 낮추는 방법도 있다. 목표액을 3000만 원으로 낮추면 매달 83만 원씩 저축하면 된다.

이런 식으로 실행 가능한 금액으로 저축액을 조절할 필요가 있다. 내가 필요한 때에 필요한 만큼의 돈이 있게끔 계획하는 것. 이것이 재무설계의 기본 개념이다.

이렇게 구체적인 목표액과 기간을 설정해주면, 확실히 자극을 받고 돈을 모으기 시작하는 고객이 많았다. 막연했던 숫자가 눈에 보이게 되고, 실천 가능해 보이기 때문이다.

현재 나의 재무 상황에 어떤 문제가 있는지 가능하면 한눈에 볼 수 있게 만들어보자. 이때 두 장 이상이 되면 한눈에 파악하기가 어려우므로 가능하면 한 장으로 정리해야 한다.

〈표 12〉와 같이 한 장으로 정리해보자.

내가 얼마를 벌고, 얼마를 쓰고, 대출이 얼마 있고, 저축해둔 돈이 얼마 있고, 매달 얼마를 저축하고 있는지 정리한다. 그리고 지출이 적정한지, 저축 비율이 적정한지도 체크해보자.

이와 같이 나의 재무 상황을 한 장에 정리해보면 분명 문제점이 발견될 것이다. 가능하면 정직한 재무상담사의 조언을 듣고, 빠른

<표 12> 가정경제 요약 시트

금융소득(이자, 월세, 투자 등) 단위: 만 원

성별	생년월일	월소득	성과급(년)	재무목표	예상시기	필요금액	필요저축액(월)	주거형태	전세보증금	전월세만기	대출/월세	취득일	주택가격
남자		330		여행자금	3년 후	400	11	기숙사					
				결혼자금	3년 후	5000	139						
				노후자금	30년 후	1억 2000	33						
합계		330		합계		1억 7400	183						

재무목표	금융기관	상품명	가입일자	만기일자	금액 적립식	금액 거치식	누계액	금융기관 대출명의	대출종류 상환방법	대출원금 금리	대출일자 만기일자	대출잔액 월상환액
결혼자금	증권사	CMA					300					
결혼자금	증권사	CMA					100					
결혼자금	은행	적금	2015-09-25	2016-09-25	10		60					
결혼자금	증권사	주식					548					
결혼자금	증권사	주식					544					
결혼자금	은행	청약종합저축	2009-05-06		2		1527					
결혼자금	은행	예금					113					
노후자금	증권사	연금펀드1	2016-03-08	2026-03-08	15							
노후자금	증권사	연금펀드2	2016-03-08	2026-03-08	20							
결혼자금	은행	적금1	2016-03-08	2018-03-08	60							
결혼자금	은행	적금2	2016-03-08	2018-03-08	60							
결혼자금	증권사	베트남펀드	2016-03-08	2018-03-08	30							

			총 대출잔액		월 총상환액	
			피보험자명		월 보험료	
			본인		12	
			배우자			
			자녀 1			
			자녀 2			
			자녀 3			
			합계		12	

| 합계 | | | 197 | | 3192 | |

재무적 참고사항

월간 정기지출

식비		주거비용		광열수도		교육비		교통통신비		문화교제비		기타소비	
주식비	30	월세		도시가스		자녀 1_공		대중교통비	3	모임회비		본인용돈	
외식비		관리비		전기		자녀 1_사		유류비	6	취미생활		배우자용돈	
데이트		기숙사비	3	수도		자녀 2_공		주차/톨비		문화생활	20	부모님용돈	
담배		숙소비				자녀 2_사		인터넷/TV		도서비		자녀용돈	
술		공과금						휴대전화	6	가족회비		헌금	1
								택시비	4	계		기부	

연간 비정기지출

의류신발		보건의료		연1회성		차량유지비		총소득대비 비율분석		소득 기간		1년당 저축액		1억 만들기 예상기간	
의류		의료비		경조사	60	자동차세		소비지출비율	32%	3년		1064		2.9년	
신발	70	의약품비		명절(설, 추석)	20	자동보험료		저축비율	60%						
화장품	15	의료용품		기념일 등	100	자동차부품		보험료비율	4%	월간 정기지출	73	연간 비정기지출	33		
미용	12	건강식품		휴가/여행	120			대출상환비율	0%						
가방		피부미용		재산세 등				소비=50%이내 저축=30%이상		월평균 생활비 = 106					
								보험=10%이내 대출=20%이내		추가 저축 가능액 = **15**					

시일 내에 재무 상황이 정상 궤도에 오를 수 있도록 도움을 받자.

　남성을 기준으로 30세에 자리 잡고 50세까지 일한다고 가정하면, 제대로 돈을 벌 수 있는 기간은 20년뿐이다. 물론 고령화 시대이니만큼 오랫동안 일을 해야 먹고살 수 있다는 사실을 미리 인지하고 준비하자.

세상에 공짜는 없다

상담할 때 가장 안타까운 경우는 과도한 보험으로 고통받는 고객을 만날 때다. 한 달 소득이 130만 원인데 저금리에는 펀드처럼 투자 기능이 있는 상품이 좋다는 보험설계사의 권유에 홀린 듯이 월 납입금 50만 원짜리 변액유니버셜보험에 가입한 경우도 있었다.

고객은 2년 뒤에 결혼자금으로 사용할 목적이었는데, 막상 2년 후 보니 원금의 80%도 돌려받지 못한다는 걸 알고서 나에게 상담을 신청해왔다.

일반적으로 변액유니버셜보험은 원금을 회복하는 기간만 대략 5~7년이 걸린다. 그것도 매년 5% 이상 수익이 났을 경우다(상품에 따라 차이는 있다). 소득 130만 원인 상황에서 추가 납입도 없이 월 50만 원이라…….

어떤 경로로 설계사를 만나게 되었는지 물어보니 인터넷에 '재테크'라고 검색했는데 '무료 재무설계'를 해준다는 곳이 많아서 그중 한 곳을 선택해서 상담받았다고 했다. 무료 재무설계를 받고 자신의 상황에 맞지 않는 보험상품에 가입했다가 결국 손해를 보고 해약하는 사람을 여럿 보았다. 이 때문에 과도한 금액의 보험상품 가입을 권유한 무료 상담사들을 원망했다.

하지만 1차적인 책임은 무료 재무상담을 받고 보험에 가입한 소비자에게 있다. '무료'라는 것을 알고도 상담을 받았다는 것은, 뭔가 하나 '가입'해주겠다는 암묵적 동의인 셈이다. 설마 그들이 자원봉사를 하러 나를 만나러 온다고 생각했는가!

공짜로 무언가 받았으면 그만한 대가를 주어야 하는 법이다.

우리 사회에서는 아직까지 돈을 내고 재무상담을 받는 것을 아까워한다. 전문가를 찾으면서도 상담은 공짜라고 생각하는 경향이 강하다. 변호사와 같은 전문가에게 상담을 받으면서 금전적 대가를 지불하기 시작한 지 그리 오래되지 않았고, 갑자기 재무설계

회사들이 우후죽순으로 생기면서 무료상담을 내걸고 영업을 한 곳이 많았다. 그런 상황에서 사람들은 재무설계 상담을 마치 보험설계사가 보험설계한 내용을 들고 찾아오는 것쯤으로 쉽게 생각했을 것이다.

내 블로그를 방문한 후 재무설계 상담을 받고자 한 분들이 꽤 많았다. 그런데 전화통화를 하면서 상담료가 있다는 말에 아무 말도 없이 전화를 끊는 경우도 있었다. 좀 과한 비유일지 모르지만 아픈 사람이 병원 가서 공짜로 고쳐달라고 억지를 부리는 것과 같다는 생각마저 들었다.

현재 자신의 재무 상태에 문제가 있다고 생각한 사람들과, 앞으로 어떻게 돈을 모으고 관리해야 할지 고민하는 사람들이 재무설계 상담을 원한다. 재무설계는 그리 간단한 일이 아니다. 단순하게 수입과 지출과 저축과 투자를 분류하는 작업이 아니다. 그 사람이 지난 시간 동안 살아온 패턴과 현재의 라이프스타일, 앞으로의 인생 계획 등을 두루 반영하여 제시해야 한다.

물론 무료 재무설계사가 모두 나쁘다는 것은 아니다. 유료 재무설계사도 충분히 그럴 수 있다. 하지만 상식적으로 생각해보면 답은 쉽게 나온다. 세상에 공짜는 없다. 그리고 유료 상담도 아직은 상담료가 너무 낮게 책정되어 있다고 생각한다.

무료로 재무설계를 하는 상담사는 자신에게 수수료를 후하게 주는 회사의 보험이나 투자상품을 의뢰자에게 권하게 될 가능성이 매우 높다. 그들은 봉사단체가 아니고 재능 기부를 하려고 그 어려운 재무설계 공부를 한 것이 아니기 때문이다. 유료인 경우도 재무설계 회사를 유지하고 성장시키려면 1인당 상담료 10~20만 원 정도로는 어렵다. 그러다 보니 굳이 필요하지 않은 상품을 끼워넣는 경우도 있다.

냉정하게 생각해보자. 그들 역시 땅 파서 장사하는 것이 아니다. 무료의 이면에는 나에게 유료로 무언가를 가져갈 것이라는 사실을 항상 염두에 두어야 한다.

우리의 엄마들은 종종 이렇게 말씀하셨다.
"야야! 공짜 좋아하지 마라. 공짜 좋아하다 더 큰 거 뺏긴다."
세상에 공짜는 없다.

노후시간표 만들어보기

퇴직 후 첫날. 아침에 눈을 뜬다. 이제 무엇을 할 것인가.

점심식사를 마쳤다. 이젠 또 무엇을 할 것인가.

아직은 젊더라도 한 번 생각해보자.

사회 초년생이라 할지라도 어쨌든 정년은 어제보다 가까워졌다. 언젠가 반드시 맞이해야 할 상황이다.

노후시간표를 어떻게 채워야 인생의 후반전을 알차게 보낼 수 있을까.

사실 요즘 50세와 노후는 어울리지 않는다. 100세 시대에 50세

〈표 13〉 노후시간표

	월	화	수	목	금	토	일
8:00							
9:00							
10:00							
11:00							
12:00							
13:00							
14:00							
15:00							
16:00							
17:00							
18:00							
19:00							
20:00							
21:00							
22:00							
23:00							
24:00							

는 인생의 후반전이라는 그라운드에서 이제 막 휘슬이 울린 시점이다.

10만 원을 다섯 살 아이와 스무 살 청년에게 똑같이 주었다고 가정해보자. 그 10만 원을 누가 더 잘 활용할까?

1000만 원을 20대와 50대에게 똑같이 주었다고 가정해보자. 과연 누가 더 가치 있는 곳에 쓸까?

물론 20대 청년이 더 가치 있는 곳에 쓸 수도 있다. 하지만 분명

한 사실은 20대의 나보다 50대의 내가 가진 지식과 지혜가 월등히 낫다는 것이다.

그렇다면 50대인 나에게도 기회를 줘야 하지 않을까?

인생의 전반전과 후반전을 살아가려면 체력 안배를 잘해야 한다. 어느 한쪽으로 치우치지 말자.

사람은 쉽게 변하지 않는다. 현재가 고통스럽지 않으면 굳이 변화를 위해 노력하지 않는다. 폐암 진단을 받아야만 담배를 끊듯이 말이다.

고통이 오기 전에 바뀌면 행복해진다.

이 책을 읽고 누군가는 실천할 것이고, 누군가는 그냥 덮을 것이다.

이 책을 읽고 실천하지 않으면 책값 1만 3000원만 버린 셈이다.

딱 하루라도 반드시 실천하겠다고 마음먹고 해보자.

실천에 성공한 하루가 모이면 인생이 된다.

하루의 실패를 반복하면 1년, 10년, 나아가 인생도 성공할 수 없다.

실천에 실패하면, 실패를 실천한다.

혼자 힘으로는 귀찮고 어렵고 두렵다면 같이 가보자. 미래를 함께 만들어보자.

Talk Together ④

과거를 후회하지 않는 단 두 가지 방법

만약 시간을 되돌릴 수 있다면, 어느 때로 돌아가고 싶은가.

나는 딱 중학교 1학년 시절로 돌아가고 싶다. 돌아가서 미친 듯이 공부를 해보고 싶다. 정말 제대로 공부를 해보고 싶다. 그런데 왜 그때는 미친 듯이 공부하지 못했을까? 지금은 알게 되었지만, 그때는 공부를 하면 무엇이 이익인지, 공부를 하지 않으면 무엇이 손해인지를 잘 몰랐기 때문이다.

〈금발이 너무해〉라는 할리우드 법정 영화가 있다. 논리적으로 상대의 허를 찌르는 변호사의 말을 들을 때마다 통쾌하고 짜릿했다. 변호사가 되고 싶다는 생각이 들었다. 이 영화를 본 게 스물다섯 살이었는데, 그 나이에 변호사에 도전하기에는 늦었다고 생각했다. 그런데 서른이 넘고 생각해보니 그때도 그리 늦은 건 아니었다는 생각이 든다.

만약 중학교 1학년 때 우연히 스물다섯 살에 본 영화를 봤다면, 변호사라는 직업의 매력을 깨달았다면, 법학과에 들어가기 위해 죽어라 공부했을지 모른다. 후회는 후회일 뿐이다. 다시 돌아갈 수는 없다. 그렇다면 앞으로 후회하지 않기 위해 우리는 무엇을 할 수 있을까?

하나, 미래를 직접 경험한다.

둘, 미래를 간접 경험한다.

첫 번째는 현실적으로 불가능하다. 타임머신으로 시간여행을 할 수 있다면 모를까. 그런데 두 번째는 어느 정도 가능하다. 어떻게? 두 가지 방법이 있다.

하나, 미래를 직접 경험한 사람에게 조언을 구한다.

둘, 미래를 직접 경험한 사람이 쓴 책을 읽는다.

미래를 경험한 사람? 무슨 말일까?

어렵게 생각할 필요가 없다. 나보다 앞서 살고 있는 사람은 미래를 경험한 것이다. 그들은 내가 미래에 겪어야 할 일을 이미 겪은 사람이다.

생각해보면 어른들이 하던 말 중에 그때는 전혀 이해하지 못했지만 내가 그 나이가 되니 알게 되고 이해하게 되는 것이 참 많다.

엄마는 분명 내가 중학교 1학년 때 끊임없이 잔소리를 하셨을 것이다. "공부해라. 지금이 아니면 하고 싶어도 못한다"라고. 그런데 그때는 왜 그 말을 못 알아들었을까? 미래에서 온 메시지였는데도 말이다.

책 속에는 '현재 전문가'인 사람들의 지식과 지혜가 들어 있다. 또한 엄마의 엄마, 할머니의 엄마, 아빠의 아빠, 할아버지의 아빠가 이미 경험한 세상을 살아가는 지혜가 들어 있다. 그들은 과거를 살았고, 우리는 현재를 살고 있지만 그들은 앞으로 내가 가야 할 미래를 먼저 겪은 사람들이다. 그들의 이야기 속에 앞으로 내가 갈 미래가 들어 있다.

우리가 스마트폰, TV 등에 시간을 뺏기는 사이, 이 비밀을 깨달은 사람들은 지금 이 순간에도 서점에서 '미래'를 들춰보고 있다.

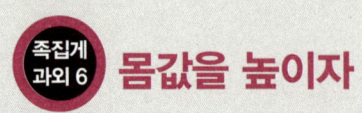# 몸값을 높이자

돈을 더 모으는 방법에는 세 가지가 있다.

첫째, 소득을 높인다.

둘째, 지출을 줄인다.

셋째, 수익률을 높인다.

두 번째와 세 번째에 대해서는 앞에서 이미 설명했다. 이제 첫 번째를 살펴보자.

소득을 높이는 가장 좋은 방법은 현재 어느 위치에 있든 '주인 의식'을 가지고 행동하는 것이다.

나의 엄마는 내가 초등학교 5학년 때 집에서 가까운 대형 마트에서 아르바이트로 일하셨다. 문 연 지 얼마 안 된 시점에 들어가셨는데 항상 인력이 부족했다고 한다.

정직원도 미처 다 뽑지 않았던 터라, 야간 근무나 연장 근무를 할 사람이 항상 필요했는데 그때마다 엄마는 자원해서 일하셨다.

엄마는 마감시간 이후에도 혹여 불이 켜진 곳이 있나, 정리가 안 된 곳이 있나 둘러보셨다. 그 모습을 우연히 마트 지점장이 보게 되었고, 어머니는 성실함을 인정받아 정직원으로 발탁되었다.

비록 아르바이트 신분이지만 내 회사라는 생각으로 일했는데, 정말 '내 회사'가 되어버린 것이다.

어느 분야를 막론하고 이러한 자세는 분명 소득을 높이는 데 도움이 된다. 그 결과는 연봉 인상이 될 수도 있고, 더 좋은 회사로 스카우트되는 것일 수도 있다.

그 외에도 우리 사회에서 잘 먹히는 방법이 있다.

바로 시간 약속을 잘 지키는 것이다.

출근 시간이 8시일 경우, 7시 30분 정도에 자리를 지키고 있다면 그 어떤 상사라도 좋게 보지 않을 수 없다.

일찍 출근해서 뭘 하든 나쁘게 볼 사람은 단 한 명도 없다. 물론 그 시간에 업무를 위한 준비를 한다면 더할 나위 없을 것이다.

반대로 단 1분이라도 지각하는 것은 치명적이라고 생각해야 한다. 그 '1분' 안에는 게으름, 나태, 건방짐 등 부정적인 의미가 들어 있다.

흔히 지각은 습관이라고 하는데, 내 생각은 조금 다르다. 지각은 '질병'이다. 그 질병을 고치지 않는다면 어느 집단에 들어가도 서서히 도태될 것이다.

그리고 입만 조심하면 어느 집단에서도 중간은 간다.

우리 몸에서 그 어느 부분보다 작지만 가장 사악한 것이 바로

'혀'다.

다른 사람에 대해서 이야기할 때, 칭찬 외에는 절대 하지 않겠다고 항상 머릿속에 되뇌어야 한다. 뒤에서는 남을 흉보고 싶은 것이 인간의 마음이다. 그런 유혹을 이겨내야 한다.

만약 당신이 B에게 C에 대해 안 좋게 말하면, 당신은 C보다 먼저 B를 잃을 것이다. B는 분명 당신이 자신도 욕하고 다니겠구나 하고 생각할 테니 말이다.

직장에서 사람을 잃는다는 건 치명적이다.

자신이 속한 직장에서 인정받고 소득을 높이는 것이 진짜 재테크임을 기억하자.

월급이 30만 원 올랐다면, 1200만 원을 주식에 투자해서 연간 30%의 수익을 낸 효과와 같음을 잊지 말자!

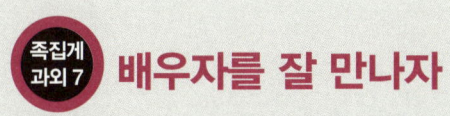
배우자를 잘 만나자

미혼 남성, 소득 월 400만 원, 저축 월 50만 원.

지출 중 식비가 무려 120만 원이라기에 왜 이렇게 많냐고 물어보았다.

그는 조심스럽게 비밀을 지켜달라면서 이렇게 말했다.

"사실 식비가 아니라 노래방 도우미에 월 80만 원이……."

미혼 여성, 소득 월 320만 원, 저축은 주택청약종합저축 월 10만 원. 술값 또는 유흥비로 월 100만 원 지출. 옷값 월 60만 원 지출.

유흥비를 줄이고 저축을 월 10만 원 이상 늘려야 하지 않겠느냐는 권유에 이렇게 답했다.

"저축은 결혼한 후에 남편 월급으로 하면 되잖아요."

미혼 남성과 미혼 여성의 실제 상담 사례다.

극단적인 사례를 예로 들었지만, 겉으로는 재정적인 문제가 없어 보인다. 하지만 속사정은 그렇지 않았다.

남성의 월 소득 400만 원에 감추어진 노래방 도우미 지출 80만 원을 알게 된다면, 또 여성의 월 소득 320만 원에 감추어진 유흥비 100만 원과, 저축은 나중에 결혼해서 남편 월급으로 하면 된다는 생각을 알게 된다면 깜짝 놀라지 않을 수 없다. 이들이 과연 결혼 이후에 올바른 재정 상황을 유지할 수 있을까?

물론 결혼하면 정신을 차릴 수도 있다. 하지만 사람은 그렇게 쉽게 변하지 않는다. 우리 자신을 한번 보자. 어제와 조금이라도 달라졌는가? 아주 조금이라도 매일매일 바뀌는가?

이 책의 한 장을 늘리기 위해서 나는 수개월 동안 어제의 나와 수만 번 전쟁을 치렀다.

"휴일인데 도서관에 갈까 말까?"

"아, 귀찮은데 그냥 포기할까."

"내가 진짜 책을 쓸 수 있을까?"

그러다 그냥 피곤하다며 침대에 누워버리고……. 게으른 나를 조금 변화시키는 것도 이렇게 힘든데, 하물며 소비의 쾌락을 변화시키는 것은 오죽할까.

내가 올바른 재정관을 가지고 있더라도, 배우자가 그렇지 않은 경우에 무너지는 가정을 수도 없이 보았다. 내가 올바른 재정관을 가지는 것이 먼저이고, 올바른 재정관을 가진 짝을 잘 만나는 것이 가정경제를 지키는 방법이다.

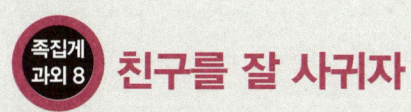

족집게 과외 8 친구를 잘 사귀자

여성, 나이 20세, 월 소득 120만 원, 술값 월 80만 원. 저축 10만 원. 택시비 20만 원, 휴대전화 요금 5만 원, 옷값 5만 원.

매일 저녁 친구들과 맥주 한잔씩 하면서 스트레스를 푼다고 했다. 보통 2~3차까지 가고, 대부분 12시를 넘길 때까지 술잔을 기울이다 보니 어쩔 수 없이 택시를 타고 귀가하는 상황이었다.

친구들의 저축 상태를 물어보았다. 술값을 나눠 내니, 다들 비슷한 상황이라며 당연한 걸 왜 물어보냐는 눈빛으로 나를 바라보았다.

내가 스무 살이었을 때를 떠올려보았다. 그땐 나도 그랬다. 친구들과 어울려 놀고 먹는 일이 그렇게나 즐거웠다. 하지만 나는 30대를 살고 있는 '미래의 사람' 아니던가. 나중에 후회하지 않게 해주고 싶었다. 현재 저축으로 1억 원을 모을 수 있는 시간을 계산해서 보여주었다.

"83.3년이 나오네요."

"……."

다른 말은 한마디도 하지 않았다. 젊은 친구는 그날 이후로 술친구를 다 끊고 저축을 110만 원으로 늘렸다. 밤 늦게까지 술 마시느라 어쩔 수 없이 택시를 타던 생활도 자연히 끊게 되면서 택시비도 절약할 수 있게 되었다.

소득은 그때보다 30만 원이 올라서 150만 원이 되었다. 저축을 110만 원으로 늘리니 1억을 모으는 데 걸리는 시간은 7년 7개월로 줄었다. 1억이 생기면 어떤 목적으로 사용할지 즐거운 마음으로 계획하고 있다.

놀랍지 않은가! 몸에 익어버린 소비 습관을 하루아침에 바꾼다는 건 매우 힘든 일인데 과감히 실천하는 모습에 정말 놀랐고, 진심으로 응원해주고 싶었다.

술 먹는 것을 나쁘다고 하는 것이 아니다. 뭐든지 적정선을 지켜야 한다. 돈을 모으고 싶으면 돈을 성실히 모으는 친구를 사귀어야 한다. 친구가 나에게 주는 영향력은 생각보다 크다.

하버드 의과대학의 연구에 따르면, 비만인 친구를 사귀면 같이 비만이 될 확률이 비만이 아닌 친구를 사귈 때보다 무려 57%나 더 높다고 한다.

유유상종, 즉 '끼리끼리 논다'는 말은 이 시대에도 유효하다.

금요일

마무리 -
기회는 준비한
사람에게만 온다

시간이 별로 없다

2016년 3월, 우리나라의 가계부채가 1200조 원을 넘어섰다. 대부분 주택담보대출이다. 가계부채가 1200조 원이 넘는 상황에서 과연 얼마나 많은 사람들이 주택대출 원리금을 갚느라 허리가 휘어질까?

그런데도 우리 가족이 살 수 있는 보금자리를 마련하기 위해서라면 2년마다 떠도는 상황보다 대출을 감내하는 편이 낫다고 생각하는 것 같다. 일반적으로 주택담보대출을 받은 가정은 대출 원금과 이자를 갚고 남은 돈으로 생활비를 충당한다.

문제는 전혀 저축이 없는 경우다. 저축도 하지 못할 정도로 무리하게 대출을 받아 빠듯하게 대출 원금과 이자를 내고 있다면 가장 치명적인 상황이다.

앞으로 경기가 좋아질까, 나빠질까?

좋아진다면 정말 행복하겠다. 하지만 지금의 현실을 보면 안개가 자욱하다.

경기가 나빠진다면 가계소득이 줄어들 가능성이 크다. 이후 주택담보대출 원금과 이자를 갚을 능력이 없어지면 생존을 위한 방법은 단 하나, 집을 파는 것이다.

경제가 나빠져서 대출 원금과 이자를 갚지 못하게 된 집들이 한꺼번에 매물로 나온다면 넘쳐나는 주택 공급에 집값은 폭락할 수밖에 없다.

2억에 집을 내놓고 최대한 빨리 집이 팔려야 은행 대출을 갚을 텐데, 너도 나도 다 집을 내놓으니 쉽게 팔리지 않는다. 이러다 못 파는 게 아닐까 불안한 마음에 1억 8000만 원, 1억 7000만 원 하는 식으로 점점 가격을 내린다. 최악의 상황은 경매로 처분하는 것이다.

1989년부터 1990년까지 일본 부동산은 60% 폭락해서 26년이 지난 지금도 완전히 회복하지 못하고 있다.

2억 원을 대출받아서 산 집이 1억 원으로 떨어진다면 얼마나 억울하겠는가. 집값은 1억 원인데 대출 2억 원을 갚아야 한다니……. 과거 일본이 이런 형국이었다.

우리나라는 정부 정책상 어떻게든 주택가격의 급격한 하락은 막아줄 것이라고 굳게 믿고 있는 사람들이 많다. 과연 그럴까?

1988년 GDP(국내총생산)를 보면, 미국은 5조 1004억 달러(당시 세계 1위), 일본은 3조 154억 달러(당시 세계 2위)였다.

당시 일본의 GDP는 미국 GDP의 무려 70%에 육박했고, 일본 경제는 세계 최고 수준이었다. 그리고 1인당 GDP는 미국을 제치고 세계 1위였다. 일본의 인구가 미국의 3분의 1에 불과하다는 것을 감안하면 대단한 수치다.

세계 100대 기업 중에 일본 기업이 절반을 차지하고, '메이드 인 재팬'이 세계시장을 장악하던 때였다. 이랬던 일본이 무너졌다. 과연 한국은 현재 세계에서 어느 위치에 있을까? 또한 앞으로 어떻게 될까?

2007년부터 부동산 가격이 폭락한다고 했는데, 아직도 부동산이 오르고 있지 않으냐고 반문하는 사람도 있을 것이다.

예를 들어보자. 볼펜을 만들었다. 1자루당 1만 원의 가격을 붙이고 판매를 개시했다. 아무도 사지 않았다. 10만 원으로 가격을 올렸다. 아무도 사지 않았다. 이 볼펜의 가격은 얼마인가?

가격은 대부분 수요와 공급에 의해 결정된다. 수요가 많으면 가격은 올라가고, 수요가 적으면 가격은 떨어진다. 또한 공급이 많으면 가격은 떨어지고, 공급이 적으면 가격은 올라간다.

하지만 재화와 서비스에 매겨진 가격이 모두가 합리적인 것은 아니다. 위의 예시처럼 볼펜이 팔리지 않아도 내가 가격을 10만 원이라 매기면 볼펜 가격은 10만 원이다. 100만 원으로 가격을 올려도 된다. 가격은 판매자의 자유니까. 단, '팔리지 않을 뿐'이다.

현재 미분양 아파트가 넘쳐나고 있다. 팔리지 않는데도 공급자들은 터무니없이 높은 가격으로 내놓고 있다. 판매 가격은 판매자의 마음이다. 단, 팔리지 않을 뿐이다.

팔리지도 않는데 올라가는 주택 가격은 과연 합리적일까? 진지하게 생각해보아야 할 것이다.

집이 팔리지 않는 가장 큰 이유는 사는 사람이 적기 때문이다. 집을 팔아야 하는 노년층은 점점 늘어나는데 집을 사려는 젊은 층 인구는 점점 줄어들고, 실제로 젊은 층은 노년층에 비해 경제적 능력이 별로 없다.

또한 현재 부동산 가격은 신규 수요자인 신혼부부들이 엄두도 못 내는 금액이다. 수요와 공급의 법칙만 알아도 답은 이미 나와 있다.

그렇다면 볼펜 판매자는 언제쯤 볼펜을 소비자가 생각하기에 합리적인 가격으로 내릴까? 아마 생계유지 때문에 돈이 필요한 시점일 것이다.

마찬가지로 주택 가격도 집주인들의 생계에 지장이 생기는 시점에는 반드시 떨어지게 된다.

그 시점은 2018년 이후부터 시작될 것으로 예상한다. 베이비붐 세대라 불리는 58년 개띠들의 나이가 60세가 되는 시점이다. 현재 가장 두터운 인구층을 가진 세대들의 자산이 70% 가까이 부동산에 묶여 있는데, 은퇴 이후 노후에 쓸 현금이 없으면 부동산을 어떻게 할까?

그동안 모아둔 현금자산으로 몇 년 동안은 생활이 가능할 것이다. 하지만 생계유지를 위협받는 순간 부동산 매물이 쏟아져 나올 가능성이 매우 높다. 그전까지 부동산 가격이 계속 오를 수는 있다. 하지만 그것은 일부 지역에 제한될 것이다.

양치기 소년의 교훈은 '거짓말을 하지 말자'다. 거꾸로 생각하면 '늑대는 반드시 온다'이다.

집값이 폭락하는 때가 온다는 말이 지금까지 거짓말이었다면,

'언젠가 폭락한다'라고 생각하고 이에 대비해야 한다.

대출을 전혀 받지 않고 주거 문제를 해결한다는 것은 사실상 극소수를 제외하고는 거의 불가능하다. 대출을 아예 받지 말자는 것이 아니다.

주택담보대출을 무리하게 받았다면 진지하게 생각해보아야 한다. 요즘은 자식이 많아야 한둘이다. 그런데 아이들이 커가면 넓은 집으로 옮기려고 한다. 20평대에 살다가 아이들이 중학생이 되면 30평대로 옮겨가는 게 당연하다고 생각한다. 물론 경제적 여유가 있으면 괜찮다. 대출 이자와 원금을 상환할 능력이 있으면 아무 상관이 없다. 그런데 문제는 무리를 하는 경우다. 1억, 2억씩 대출을 끼고 평수를 넓힌다. 문제는 그때부터 생긴다. 충분히 감당할 수 있다고 생각했는데, 아이들이 커가면서 엄청난 교육비가 부담이 되고 가계가 휘청인다. 맞벌이를 하든 외벌이를 하든 수입은 한정되어 있는데, 지출은 감당할 수 있는 선을 넘어선다(〈그림 9〉).

잠깐 다른 얘기를 해보자.

요즘 초등학생들은 아파트 평수대로 친구 관계를 맺는다고 한다. 즉 비슷한 평수에 사는 아이들끼리 놀고 엄마들도 비슷한 평수에 사는 엄마들끼리 교류한다. 그러다 보니 40평대에 사는 아이가 30평대에 사는 아이를 무시하고, 30평대에 사는 아이는 20평

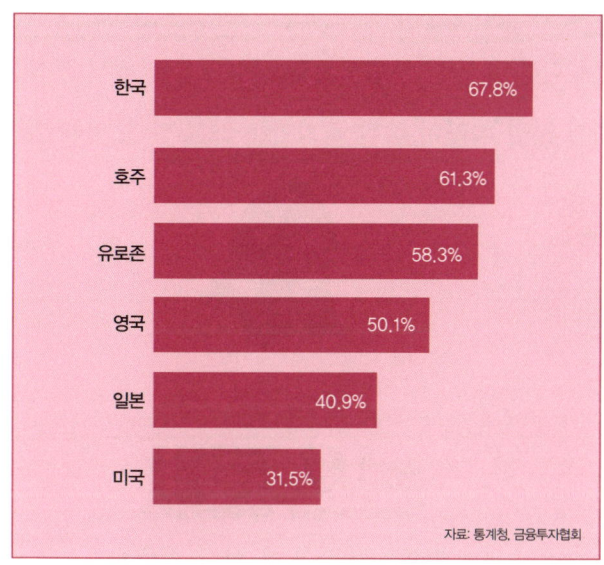

〈그림 9〉 주요국 가계자산 중 실물자산 비중

대에 사는 아이를 무시하는 상황이 생긴다. 그래서 엄마들은 아이 기를 살리기 위해서라도 평수를 넓혀야겠다고 생각한다. 그런데 그런다고 정말 아이들 기가 살아날까?

부모는 대출금에 허덕이고 교육비에 허덕이는데도?

제발 집 평수, 차 가격 등으로 사람의 가치를 매기지 말자.

만 원짜리가 구겨지고 빛바랜다 할지라도 가치는 여전히 만 원이다.

대출을 줄이고 작은 평수로 이사 간다고 해서 당신과 가족의 가치가 떨어지는 것은 아니다.

정부는 각종 부동산 부양책으로 자신의 정권에서 부동산 폭탄이 터지지 않길 바라며 폭탄 돌리기를 하고 있다. 언제 그 시한폭탄이 터질지 모른다.

지금이 무리한 주택담보대출의 덫에서 빠져나오는 마지막 기회일 수 있다.

위기에 찾아오는 기회를 잡아라

전 세계에서 우리나라에만 있는 독특한 제도가 있다. 바로 전세다. 우리는 전세라는 제도 덕분에 돈이 부족해도 집을 살 수 있다.

예를 들어 1억 원짜리 집이 있을 경우, 전세 7000만 원으로 세를 놓으면, 내 돈 3000만 원만 있어도 내 명의의 집을 가질 수 있다.

전세제도를 활용해서 집을 구입할 경우 가장 큰 장점이 있다. 바로 집값이 올랐을 때다.

1억 원짜리 집이 1년에 30% 올랐다고 가정하면, 3000만 원의 시세 차익이 발생한다. 7000만 원에 전세를 놓았을 경우, 내 돈 3000만 원을 투자해 3000만 원의 수익을 거두었다면 수익률은 100%다!

얼마 전까지만 해도 전세제도를 이용한 부동산 투기로 상당히 재미를 본 사람들이 많았다. 너도 나도 부동산 투기에 뛰어들어 전셋집을 찾는 것은 어려운 일이 아니었다. 전세제도를 이용해 적은 자기자본으로 시세 차익을 노리는 사람이 많았으니까 말이다.

쉽게 말하면, 전세가 많다는 것은 집값이 오를 것이라고 기대하는 사람이 많다는 것이다.

하지만 요즘 부동산 추이를 보면 전셋집은 나날이 줄어들고 있다. 집주인들이 집값 하락에 더 무게를 두고 있다는 뜻이다.

대부분의 집주인들이 집값 하락을 예견하고 있는데, '전세가와 매매가 차이가 적으니 전세로 살면서 2년마다 이사 고민하지 말고 그냥 집을 사자!'라고 생각한다면 조금 더 고민해봐야 하지 않을까 싶다.

또한 앞에서 언급한 것처럼 여러 가지 요인이 집값의 하락을 예견하고 있다. 사실 부동산만의 문제가 아니다.

현재 중국 경제는 역사상 가장 큰 거품을 형성하고 있다. 중국 경제의 거품이 꺼지는 순간 중국 수출 비중이 큰 우리나라가 타격을 받는 것은 시간문제다. 중국 부동산 가격은 유례없는 급등을 거듭하고 있고, 중국의 금융은 미국의 2007년 서브프라임 모기지 같은 상태로 주요 기업들의 채무불이행이 시작되면서 폭락의 날을 기다리고 있다.

중국 경제 거품이 꺼지면 분명 전 세계 경제가 요동칠 것이다. 많은 사람들이 고통을 겪게 되겠지만 긍정적인 면도 있다. 많은 재화를 일생에서 가장 저렴한 가격으로 살 기회가 올 수도 있다는 것이다.

IMF 외환위기 당시 우리나라는 죽어나는데 외국 자본들은 헐값에 쏟아져나온 기아자동차, 제일은행, 기업은행 같은 기업들을 인수했다.

우리도 위기를 기회로 만들려면 지금부터 준비해야 한다.

자, 그럼 무엇을 어떻게 하자는 것인가? 기업도 아닌 일반인이 저런 기회를 잡을 수 있다는 말인가?

가능하다. 지출을 잘 관리하고, 몸값을 높인 궁극적인 이유와 목표는 지금부터다.

첫째, 가족이 거주할 집을 구입할 계획이라면 눈높이를 낮추자. 본인의 재정 상황에서 눈높이를 낮추고 주택 구입 비용을 최소

화해서 구입하자.

만약 전세로 거주하고 있다면, 전세금 보증보험에 꼭 가입하자. 그렇지 않으면 역사에 남을 자산 폭락의 날이 올 때 전세 거주자들은 자칫하면 전세금을 날릴 수도 있다.

예를 들어 매매가 3억 원짜리 집에 전세금 2억 5000만 원을 주고 입주해 있는 상태에서 주택 가격이 2억 원으로 떨어진다면 어떻게 될까?

집주인이 전세금 2억 5000만 원을 잘 가지고 있다가 전세 만기 시점에 돌려주면 더할 나위 없이 다행이다. 하지만 집주인이 주택담보대출을 많이 받아 집이 경매로 넘어가게 된다면 상황은 무척 암울해진다. 전세금은 2억 5000만 원인데, 경매로 처분된 집의 가격은 2억 원이라면……. 이렇게 되면 전세금을 100% 돌려받지 못할 가능성이 높다.

또한 집주인이 전세금을 다른 곳에 사용하고, 전세 만기 때 새로운 세입자가 들어오기 전에는 내줄 돈이 없을 경우에도 골치 아프다.

전세금 보증보험은 〈표 14〉에서 보듯이 크게 두 곳이 있는데, 가입 요건을 자세히 살펴보고 요건이 충족되는 집을 잘 선택해야 한다.

〈표 14〉 전세금 보증보험 비교

	대한주택보증 전세보증금반환보증	서울보증보험 전세금보장신용보험
신청 시기	입주일(확정일자 취득일)로부터 1년 이내	임대차 계약을 맺은 날로부터 5개월 이내
대상 주택	단독주택(다가구), 연립·다세대, 주거용 오피스텔, 아파트 계약 기간 2년 이상의 전세계약 (보증금이 있는 월세계약 포함) **전세보증금 수도권 3억 이하, 그외 지역 2억 이하**	단독주택(다가구), 연립·다세대, 주거용 오피스텔, 아파트 계약 기간 2년 이상의 전세계약 (보증금이 있는 월세계약 포함) **지역별 전세보증금 한도 제한 없음**
보증 요건	전세계약의 전입신고 및 확정일자 취득 집주인 담보대출 ≤ 주택 가격의 　　　　　60% 　　　　　(KB시세 기준) 집주인 담보대출 + 전세보증금 ≤ 주택 가격의 　　90%(아파트) 　　80%(주거용 오피스텔, 연립·다세대) 　　75%(단독, 다가구주택)	임대차 계약 이후 집주인 담보대출 ≤ 주택 가격의 　　　　　60% 　　　　　(부동산중개업서 　　　　　확인서, KB, 부동산 　　　　　114 등 일반적 시세 　　　　　기준) 집주인 담보대출 + 전세보증금 ≤ **주택 가격의** 　　**100%**(아파트,주거용 오피스텔) 　　70%(연립·다세대) 　　80%(단독, 다가구주택)
보증료율	개인임차인 연 0.197% 법인임차인 연 0.297% 2년치 일괄 납부 또는 연 단위 분납 LTV에 따른 보증료 할인 적용	개인임차인 연 0.232%(아파트) 보험계약자 및 주택 유형에 따라 연 0.232~0.432%로 차등 적용 보험료 할인 적용

전세금 1억 원을 기준으로 볼 때, 대한주택보증에 전세금 보증보험을 가입할 경우 1억 원의 0.197%인 19만 7000원을 내야 한다. 2년 전세 계약 시 39만 4000원이다. 한 달에 1만 6416원이니 말 그대로 보험 든다 생각하고 가입하길 바란다.

둘째, 우리가 노릴 대상은 헐값에 나올 '임대수익형 부동산'이다. '모노폴리' 보드게임처럼 집을 사서 임대료를 창출하는 방식으로 접근하자.

결혼자금, 주택 마련 자금, 자녀교육비 등 나가야 할 돈이 많지만 어떻게든 여유 자금을 모아서 기회를 노려야 한다.

집을 사서 높은 가격에 되파는 시세 차익형 부동산을 사자는 것이 아니다. 부동산이 '헐값'에 경매로 쏟아져 나오는 위기의 순간을 기회로 잡아야 한다. 그중 원룸이나 오피스텔을 노려볼 만하다.

사고 나서 가격이 오르네 떨어지네 신경 쓰지 말고, 오로지 매달 들어오는 '월세'만 노리자는 것이다. 가격이 떨어져도 월세만 꼬박꼬박 들어오면 아무 문제 없다. 즉 시세 차익에 흔들리지 말고 임대수익에만 주목하자.

앞으로 1인 가구는 계속 증가할 것으로 예상된다.

〈표 15〉에서 보듯이 2010년 기준 일본의 미혼율은 남성 20%, 여성 10%를 상회하고 있다. 우리나라는 2010년 기준 미혼율이 남

〈표 15〉 한국과 일본의 생애미혼율

생애미혼율: 50세까지 결혼하지 않은 사람의 비율(단위: %)

구분	남성		여성	
	한국	일본	한국	일본
1980년	0.4	2.6	0.3	4.5
1990년	0.6	5.6	0.5	4.3
2000년	1.8	12.6	1.4	5.8
2005년	2.7	16.0	1.7	7.3
2010년	5.8	20.1	2.8	10.6

자료: 한국보건사회연구원

성 5.8%, 여성 2.8%이니, 앞으로 약 '4배' 정도 미혼율이 증가할 것으로 예상된다. 1인 가정의 수요를 짐작해볼 수 있다.

오피스텔은 청약통장도 필요 없고, 전매 제한(새로 분양되는 주택에 당첨된 뒤 일정 기간 동안 팔지 못하도록 하는 조치)도 없다.

오피스텔을 구입한 후 월세 내고 살 사람이 장기간 들어오지 않을 경우 과감히 팔고 나올 것까지 생각하면 전매 제한이 없다는 것은 큰 장점이 될 수 있다.

예전에는 65m² 이하 오피스텔만 바닥 난방이 허용되었는데, 지금은 85m²까지 확대 적용되고 있다. 욕실 공간도 5m²까지 확보할 수 있도록 법이 바뀌어서 주거성이 높아졌다.

특히 여성은 비용을 조금 더 내더라도 골목 구석에 있는 원룸보다 오피스텔을 선호한다. 가장 큰 이유는 안전 때문이다.

그리고 아파트에 비해 가격이 싸기 때문에 폭락하더라도 오피스텔 한 채당 5000만 원 정도를 투자한다면 큰 부담은 아닐 수 있다. 물론 지역에 따라 금액은 천차만별이다. 강남 한복판에 구하라는 이야기가 아니다. 자신의 능력에 가능한 목표액을 정하고 돈을 모으면서 지속적으로 관심을 가질 필요가 있다. 목표를 작게 잡고 돈을 모아보자. 1억은 너무 멀다. 1억이란 숫자는 처음부터 의욕을 떨어뜨린다.

5000만 원으로 오피스텔 한 채를 사서, 매달 50만 원을 받을 수 있다는 가정하에 기회를 보자. 더 나아가 1억에 2채라면 월 100만 원. 국민연금 수령까지 포함해서 최저생활비를 해결하게 되면 인생의 후반전에는 생활비를 벌기 위해 일하지 않아도 된다.

그렇게 되면 인생의 후반전에 내가 가치 있다고 여기는 일을 할 수 있다.

원룸을 노리는 것도 나쁘지 않지만, 오피스텔이 치안 등 여러 면에서 원룸보다 나은 투자처라고 생각한다.

건물 나름이지만 대부분의 오피스텔이 층간소음이나 시설 면에서 원룸보다 낫고, 교통과 조망권, 편의성이 좋기 때문이다.

다만 오피스텔은 원룸보다 관리비와 월세가 비싸기 때문에 공실 관리를 어떻게 해결할 것인가를 신중히 고민하고 공부해야 한다.

고시원을 투자처로 접근하는 것은 개인적으로 좋지 않게 본다. 가장 큰 이유는 여성들이 고시원을 기피하는 경향이 있기 때문이다.

고시원이라는 명칭에서부터 뭔가 좁고 답답하고 사생활 침해가 우려되는 등의 부정적인 인식이 많다. 여성 전용 고시원이나 고시텔도 있지만 부정적인 이미지가 있는 것은 사실이다.

1인 가구 중 여성 수요자를 놓치게 되면 공실의 우려가 높아진다.

자, 그럼 이제부터 가장 중요한 이야기를 해보자.

과연 어느 지역의 오피스텔이나 원룸을 노려야 할까?

먼저 분당을 살펴보자. 분당은 주거 만족도 등 여러 부문에서 가장 성공한 도시로 꼽힌다. 혐오 시설, 공장 등이 없고 교육 시설, 자연환경, 교통, 생활 환경 등에서 좋은 평가를 받고 있다. 분당에 사는 사람들은 스스로 '천당 밑에 분당'이란 말을 할 정도다.

일산도 분당에는 못 미치지만 좋은 평가를 받고 있다. 서울 및 수도권의 주택 수요자들에게 분당과 일산 모두 아직까지 선호 지역으로 꼽힌다. 특히 직장이 강남에 있는 사람은 분당을 선호하고,

강북에 있는 사람은 일산을 선호한다.

그런데 앞으로도 이런 선호도가 계속 이어질까? 그렇지 않을 가능성이 높다.

일본의 예를 들어보자. 도쿄 도심에서 서쪽으로 25~40킬로미터 떨어진 곳에 '다마 뉴타운'이라는 신도시가 있다. 판교 신도시가 건설될 때 벤치마킹한 지역이기도 하다.

도쿄 도심까지 1시간 정도 소요되고 녹지가 풍부하고 각종 의료기관, 쇼핑센터 등이 많아 생활하는 데 편리하다는 평가를 받았다.

단, 중요한 건 '초기'에 그랬다는 것이다.

초기에 입주한 주민들이 현재는 노인이 되어 소비 성향이 낮아지면서 이제는 여러 상점들이 문을 닫는 상황이다. 젊은 세대도 이곳을 외면하고 있고, 당연히 어린이 수도 줄어들면서 학교도 폐교되고 있다. 올드타운으로 전락하고 있는 것이다.

왜 이런 현상이 발생했을까?

가장 큰 이유는 다마 뉴타운에는 일자리가 많지 않기 때문이다. 젊은 세대가 일자리 없는 곳에 보금자리를 틀기보다, 일자리가 있는 도쿄 도심 부근에 자리를 잡고 출퇴근 시간을 줄이는 것이 낫다고 생각했기 때문이다.

그렇다면 분당은 어떨까?

서울로의 출근 통행량이 40%가 넘는다. 경기도 평균 25.1%에 비해 서울 의존도가 매우 높다. 젊은 세대가 일자리 없는 분당에 몰려들기란 사실상 쉽지 않을 듯하다.

실제로 서울의 젊은 직장인 중 상당수는 거주 환경보다는 교통을 최우선 조건으로 선호한다. 결국 효율적인 출퇴근을 위해서 도심으로 몰릴 확률이 크다. 분당을 포함하여 서울 외곽의 신도시도 마찬가지다.

그렇다면 결국 서울인데, 서울 안에서도 어디를 노려야 할까?

싱글들은 서울의 어느 지역을 선호할까?

관악구, 강남구, 동작구, 마포구, 광진구 등이 20~30대 1인 가구 거주율이 높다.

도심 지역(을지로, 종로 등), 대학가(신림, 신촌 등), 강남권(논현, 역삼 등) 중에서도 역세권을 잘 노려서 접근한다면 승산이 있다.

나는 부동산 투자보다 금융 투자를 더 선호하고 또 많이 했던 사람이다. 주식, 선물, 옵션, 해외선물, FX마진 등등 일반인이 접근하기 힘든 투자도 해보았다. 자산운용사와 재무설계사 등 금융업에 종사하다 보니, 수익보다 손실을 관리하는 것이 더 중요하다는 것을 깨달았다.

펀드, 주식 등 금융 투자의 대부분은 가격이 폭락하면 그만큼

〈표 16〉 서울시 구별 20~30대 1인 가구 분포 현황

단위: 가구

지역	전체 1인 가구	20대	30대
관악구	100,302	35,748	28,288
강남구	61,897	12,997	21,044
광진구	54,210	16,386	13,979
동작구	53,954	17,695	14,143
마포구	52,437	15,145	14,802

자료: 통계청(2015년)

손실을 보고 이를 복구하기가 굉장히 힘들다. 하지만 부동산을 시세 차익이 아닌 임대수익 개념으로 접근해보니, 부동산 가격이 폭락하더라도 꾸준히 '월세'를 만들어주는 건물은 반드시 있다는 것을 깨달았다.

 인생의 전반전에는 금융 투자, 즉 적립식으로 적금과 펀드 등으로 돈을 모으고 불려서 목돈을 마련했다면 인생의 후반전에는 그 목돈을 금융자산에 투자하기보다 임대수익을 노린 부동산에 투자하는 것이 좋다고 생각한다(연금저축펀드 또는 변액연금보험, 변액유니버셜보험의 연금 전환 기능으로 최소한의 연금을 대비하는 것도 신경 써야 한다).

 2018년 이후에 한번 기회가 올 것으로 예상하는데, 사실 2~3년

밖에 남지 않았다. 누군가는 그 기회를 잡겠지만, 누군가는 기회를 쳐다보고만 있을 것이다. 특히 사회 초년생은 더더욱 그럴 것이다.

하지만 포기하지 말자. 기회는 그 이후에도 반드시 온다. 중요한 건 기회가 다시 왔을 때 기회를 잡을 현금을 마련해두는 것이다.

정리해보자.

인생의 전반전에 열심히 돈을 모았다면 그 돈으로 임대부동산 가격이 구매 가능한 수준까지 떨어졌을 때 구입한다. 일단 구입한 뒤에는 가격이 오르고 떨어지는 것에 대해 스트레스를 받지 않는다.

임대수익으로 인생의 후반전에 생활비로 쓰고, 돈을 벌기 위한 일이 아닌 내가 진짜 가치 있다고 생각하는 일을 한다.

이것이 내가 이 책에서 궁극적으로 하고 싶은 말이다.

인생의 후반전에서도 여전히 목구멍에 풀칠하기 위해서 일하는 것은 너무 슬프다.

만약 부동산 가격이 내가 살 수 있는 수준까지 떨어지지 않으면 그동안 저축한 돈은 무용지물 아니냐고 물을 수 있다. 그렇다고 과연 저축한 것을 후회할까? 나를 원망할까? 어쨌든 통장은 어제보다 잔고가 늘어났다는 사실이 가장 중요하다.

또 임대부동산을 구입했는데 공실이 되면 어떡하느냐고 물을 수 있다.

모아둔 현금을 조금씩 생활비로 쓸지, 임대부동산을 구입할지는 본인이 판단하는 것이지만 그 리스크를 줄이기 위해 함께 고민해보는 건 어떨까?

나도 미래를 직접 경험한 사람이 아닌 여러분과 함께 걸어가는 현재의 사람일 뿐이다. 위기의 그날을 기회로 만들기 위해 지혜를 모으고 함께 고민했으면 한다.

이 책에서 나는 미래에 대한 큰 그림과 기본 자세를 제시했지만, 아름다운 색칠은 혼자의 힘으로는 부족하다.

상담할 때 고객에게 항상 물어본다. "어떤 꿈이 있으세요?"라고. 90% 이상의 고객이 "글쎄요. 생각해본 적이 없는데요"라고 대답한다. 그런 대답을 들을 때마다 안타깝다.

분명 초등학생 때 수도 없이 그런 질문을 받아봤을 것이다.

"네 꿈이 뭐야?"

"뭐가 되고 싶어?"

과연 언제 이런 꿈들이 사라져버린 걸까.

돈은 언제부터 우리의 꿈을 빼앗는 존재가 되어버린 걸까.

인생의 전반전을 가치 있고 충실하게 보낼 때, 꿈은 우리 인생의 후반전을 빛나게 해준다는 사실을 절대 잊지 말기를 바란다.

돈 공부
현장 실습

결혼자금
준비 사례

결혼자금 준비 사례다.

다음 〈표 17〉의 상황이라면 어떤 것을 수정하면 좋을까?

먼저 청약종합저축을 월 10만 원 납입에서 월 2만 원으로 줄였다. 특별히 임대주택이나 신규 주택을 분양받을 의향이 없었고 혹시나 하는 마음에 가입했다고 해서 청약종합저축 최소 금액인 2만 원으로 줄이고 납입 기간을 늘리도록 했다. 무주택세대주도 아닌 상황이라 소득공제도 적용되지 않는 상황이었다.

그다음 펀드 1부터 펀드 4까지 각 2만 원씩 늘리기로 했다. 청약

⟨표 17⟩ 가정경제 요약 시트 – 결혼자금 준비 사례

단위: 만 원

성별	생년월일	월소득	성과급(년)	재무목표	예상시기	필요금액	필요저축액(월)	주거형태	전세보증금	전월세만기	대출/월세	취득일	주택가격
남성		300		결혼자금	3년 후	5,000	139	부모님과 거주					
합계		300		합계		5000	139						

재무목표	금융기관	상품명	가입일자	만기일자	금액 적립식	금액 거치식	누계액	금융기관 대출명의	대출종류 상환방법	대출원금 금리	대출일자 만기일자	대출잔액 월상환액
결혼자금	은행	청약종합저축	2015-07-01		10		40	은행 본인	신용대출 원금균등	800 7.1%		650 14
결혼자금	은행	재형저축	2015-08-26	2025-08-26	50		100					
결혼자금	은행	재형저축2	2015-08-26	2025-08-26	50		100					
결혼자금	증권	펀드1	2015-08-26		2		20					
결혼자금	증권	펀드2	2015-08-26		2		20					
결혼자금	증권	펀드3	2015-08-26		2		20					
결혼자금	증권	펀드4	2015-08-26		2		20					
결혼자금	증권	펀드5	2015-08-26		20		40	총 대출잔액		650	월 총상환액	14
결혼자금		수시입출금					960					

피보험자명	월 보험료
본인	1
배우자	
자녀 1	
자녀 2	
자녀 3	
합계	1

재무적 참고사항
펀드1: 글로벌헬스케어
2: 중소형주포커스
3: 벨류포커스
4: 메리츠코리아증권
5: 미래에셋가치주포커스

| 합계 | | | | | 138 | | 1,320 | | | | | |

월간 정기지출

식비		주거비용		광열수도		교육비		교통통신비		문화교제비		기타소비	
주식세		월세		도시가스		자녀1_공		대중교통비		모임회비		본인용돈	
외식비	8	관리비		전기		자녀1_사		유류비		취미생활		배우자용돈	
데이트	30	기숙사비		수도		자녀2_공		주차/톨비		문화생활		부모님용돈	20
담배	10	숙소비				자녀2_사		인터넷/TV		도서비		자녀용돈	
술		공과금						휴대전화	10	가족회비		헌금	
								택시비	1	계		기부	

연간 비정기지출

의류신발		보건의료		연1회성		차량유지비		총소득대비 비율분석		차종/자동차보험 만기일		1억 만들기 예상기간	
의류		의료비		경조사		자동차세		소비지출비율	34%			5.2년	
신발	50	의약품비		명절(설,추석)		자동차보험료		저축비율	46%				
화장품	70	의료용품		기념일 등	40	자동차부품		보험료비율	0%	월간 정기지출	79	연간 비정기지출	23
미용	30	건강식품		휴가/여행	30			대출상환비율	5%				
가방	50	피부미용		재산세 등				소비=50%이내 저축=30%이상		월평균 생활비 =	102		
								보험=10%이내 대출=20%이내		추가 저축 가능액 =	**46**		

종합저축에서 감액한 8만 원을 2만 원씩 4개로 쪼개어 활용했다.

또 신용대출 잔액 650만 원을 현재 수시입출금 통장에 있는 960만 원을 활용해서 모두 갚았다. 신용대출 이자가 연 7.1%인데 매달 이자만 날리고 있는 상황이기 때문이다.

왜 신용대출부터 갚지 않고 저축을 했느냐고 물어보니, 대출 650만 원을 갚아버리면 통장잔고가 1000만 원 단위에서 100만 원 단위로 줄어드는 것이 싫어서라고 대답했다. 충분히 이해가 되는 부분이지만, 현재 재무 상황에서 현금 보유가 절실한 것은 아니라서 바로 갚도록 제안했다. 불필요한 이자도 새는 돈이다. 그리고 적금 20만 원짜리 2개를 3년 만기로 추가 가입했다.

추가 저축 가능액, 즉 새는 돈 46만 원 중 40만 원을 우선 저축해보자고 제안했다. 급여일에 저축으로 먼저 돈이 빠지면, 나머지 돈을 가지고 생활을 하게 되는 게 사람이다.

월급이 들어오면 먼저 저축부터 하라는 엄마의 잔소리가 다 이유가 있는 것이었다.

혹여 정말 필요한 지출인데, 까먹고 예산에 넣지 못한 지출이 있다면 그때 가서 적금을 깨면 된다. 적금은 깼다고 해서 원금 손실이 있는 것은 아니므로 망설이지 말자.

왜 3년 만기로 했을까? 3년 후 결혼자금 5000만 원을 모으는 것이 목표였기 때문이다. 적금 가입 기간은 이렇게 설정하면 된다. 아무 생각 없이 1년 만기, 3년 만기, 5년 만기…… 이런 경우 적금을 도중에 깨야 하는 상황이 오면 손해를 볼 수밖에 없다.

그러면 적금을 40만 원짜리 하나로 하지 않고 20만 원짜리 2개로 나눈 이유는 무엇일까? 혹여 적금을 깨야 할 상황이 생길 때를 대비해서다. 40만 원짜리 하나만 있다면 어쩔 수 없이 40만 원짜리를 다 깨야 하지만, 나눠서 가입했다면 20만 원짜리 하나만 깨면 되기 때문이다.

예를 들어 40만 원짜리 적금을 1년 동안 납입해서 480만 원이 쌓였는데 100만 원이 급하게 필요하면 40만 원짜리 적금을 깨야 한다. 하지만 20만 원씩 나눠서 가입하면 하나만 깨고 나머지 적금은 계속 부을 수 있다. 적금 이자는 계속 떨어지고 있는데, 하나라도 살리는 게 좋지 않을까.

물론 위의 경우 대출 650만 원을 수시입출금 잔액으로 갚아도 200만 원이 넘게 여유자금이 있어서 적금을 깰 일은 없어 보이지만 만약의 경우를 대비하는 것이다. 나눠서 가입한다고 손해 보는 것은 없으니 말이다.

보장성 보험은 현재 어머니가 납입해주고 있고, 남은 기간까지 계속 납입해주시기로 했다고 한다.

통장 분리는 연간 비정기 지출 월 평균 금액인 23만 원을 안 쓰는 통장에 자동이체를 해두면 된다.

적금, 펀드, 보험료 등은 어차피 자동이체로 빠지고 딱 23만 원만 안 쓰는 통장에 넣어두면 급여통장에는 매달 나가는 지출만 남게 된다. 급여통장에 남아 있는 돈을 체크카드로 사용하면 끝. 심플하다. 뭐든지 심플해야 오래 실천할 수 있다.

자, 이렇게 저축이 월 138만 원에서 40만 원 증가했는데, 과연 어떤 효과가 있을까?

대출을 갚았을 경우 잔고 670만 원을 반영하면, 1억을 모으는 데 약 5년 7개월에서 약 4년 5개월로 약 1년 2개월이 단축되었다. 투자상품도 아닌 적금을 40만 원 늘리면 이런 효과가 있다.

〈그림 10〉 1억 만들기 예상 기간

학자금 대출
상환 사례

이번에는 학자금 대출상환 사례(〈표 18〉)를 보자.

사실 이런 상담을 진행할 때 가장 마음이 아프다. 대한민국 청년의 현실이 적나라하게 드러나기 때문이다.

재무목표는 대학원 등록금, 전세금 마련, 여행자금, 대학원 교육비, 노후자금이다. 하지만 이 다섯 가지 재무목표를 모두 달성하려면 매달 248만 원씩 저축해야 한다. 사실상 불가능하다.

노후자금을 뺀다고 해도 매달 165만 원을 저축해야 한다.

사회 초년생에게 매달 230만 원의 소득은 적지 않은 금액이지

<표 18> 가정경제 요약 시트 – 학자금 대출상환 사례

단위: 만 원

성별	생년월일	월소득	성과급(년)	재무목표	예상시기	필요금액	필요저축액(월)	주거형태	전세보증금	전월세만기	대출/월세	취득일	주택가격
남성		230		대학원등록금	1년 후	500	42	부모님과 거주					
				전세금마련	5년 후	3000	50						
				여행자금	2년 후	1500	63						
				대학원교육비	1년 후	120	10						
				노후자금	30년 후	3억	83						
합계		230		합계		3억 5120	248						

재무목표	금융기관	상품명	가입일자	만기일자	금액 적립식	금액 거치식	누계액	금융기관 / 대출명의	대출종류 / 상환방법	대출원금 / 금리	대출일자 / 만기일자	대출잔액 / 월상환액
전세금마련	은행	청약종합저축	2014. 2		5		100	한국장학재단 / 본인	학자금 / 대출	0.0%		2500
전세금마련		급여통장					30					
대학원등록금	증권사	CMA	2015-08-26		30		120					
여행자금	은행	적금2	2015-08-01	2016-08-01	60		240					
대학원교육비	은행	적금3	2015-08-01	2016-08-01	10		40					
노후자금	증권사	연금펀드	2015-08-01	2016-08-01	10		40					
								총 대출잔액	2500	월 총상환액		

피보험자명	월 보험료
본인	8
배우자	
자녀 1	
자녀 2	
자녀 3	
합계	8

재무적 참고사항

| 합계 | | | | | 115 | | 570 | | | | | |

월간 정기지출

식비		주거비용		광열수도		교육비		교통통신비		문화교제비		기타소비	
주식비	18	월세		도시가스		자녀 1_공		대중교통비	10	모임회비		본인용돈	
외식비	20	관리비		전기		자녀 1_사		유류비		취미생활		배우자용돈	
데이트		기숙사비		수도		자녀 2_공		주차/톨비		문화생활	5	부모님용돈	
담배		숙소비				자녀 2_사		인터넷/TV		도서비	3	자녀용돈	
술		공과금						휴대전화	8	가족회비		기부·헌금	2
								택시비	15	계			

연간 비정기지출

의류신발		보건의료		연1회성		차량유지비		총소득대비 비율분석		차종/자동차보험 만기일		1억 만들기 예상기간	
의류		의료비		경조사	30	자동차세		소비지출비율	44%			6.8년	
신발	80	의약품비		명절(설,추석)	20	자동차보험료		저축비율	50%				
화장품	5	의료용품		기념일 등	50	자동차부품		보험료비율	3%	월간 정기지출	81	연간 비정기지출	20
미용	10	건강식품		휴가/여행	50			대출상환비율	0%				
가방		피부미용		재산세 등				소비=50%이내 저축=30%이상		월평균 생활비	= 101		
								보험=10%이내 대출=20%이내		추가 저축 가능액	= 6		

만, 매달 165만 원씩 저축하는 것은 아예 불가능하다. 한 달 소비 101만 원을 더 줄인다면 허리띠를 졸라매는 상황이 되어버린다. 그렇게까지 삶의 질을 떨어뜨리는 건 옳지 않다. 충분히 아껴 쓰고 있는 상황이다.

택시비 월 15만 원을 줄이고 대중교통을 이용해야 하는 것 아니냐고 생각할 수 있는데, 12시 넘게 야근하는 날이 많아 택시를 탈 수밖에 없는 상황이다. 전쟁 같은 삶이다.

현재 부모님과 함께 살고 있는데 독립하고자 전세금 마련을 재무목표에 넣었지만 결국 현실과 타협했다. 가능하면 결혼 전까지 부모님과 함께 거주하는 것으로 결정했다. 유럽 여행 계획도 국내 여행으로 수정했다.

모든 초점을 대학원 등록금과 학자금 대출상환에 집중했다. 한국장학재단의 학자금 대출을 매달 50만 원씩 상환하고, 여행자금 적금을 10만 원으로 조정해서, 45만 원은 대학원 등록금 목적으로 저축하기로 했다.

대학원 등록금 목적으로 저축해서 대학원에서 죽어라 공부한 후, 소득을 높이는 것이 이 사례에서는 가장 현실적인 대안이다. 지출은 건드릴 부분이 없다.

학자금 대출 이자가 0%(국가유공자 자녀 혜택으로 이자율이 0%였음)인데, 왜 굳이 지금부터 갚기로 했을까?

언젠가 갚아야 하는 돈이기도 하지만, 학자금 대출이 있으면 나중에 결혼할 때 흠 잡힐 수도 있다고 생각했기 때문이다. 집안 형편이 얼마나 어려우면 학자금 대출을 받을 정도냐고 생각하는 어른들이 의외로 많다. 이런 집안에 내 딸을 시집보낼 수 없다며 결혼을 반대하는 경우가 부지기수다. 드라마에 나오는 이야기가 아니다.

캥거루족이라는 신조어가 있다. 대학을 졸업했는데도 취직하지 않고 부모에게 얹혀 살거나, 취직을 했더라도 경제적으로 독립하지 못하고 부모에게 의존하는 젊은 세대를 가리키는 말인데, 기성세대가 이런 청년들을 비난할 상황이 아니다.

지금 이 상황에서 독립해서 월세 30만~40만 원을 지출한다고 생각해보자. 대학원을 포기하거나 학자금 대출상환을 포기해야 하는데, 어쩌란 말인가. 부모님과 함께 살면서 월세를 아끼는 것이 최선의 선택이다.

과소비 조정 사례

〈표 19〉를 보자.

외식비 비중이 높은 것을 알 수 있다.

외식비를 월 70만 원에서 월 40만 원으로 줄이고, 적금 15만 원짜리 2개를 늘렸다. 그리고 외식비를 월 40만 원으로 통제할 수 있게 맞춤 가계부를 주고 한 달 동안 매주 점검했다.

한 달 외식비 예산이 40만 원이면, 일주일에 10만 원만 쓰면 된다. 〈표 20〉을 보면, 첫 주에는 12만 원을 썼다. 그럼 다음 주에는 8만 원 이내로만 쓰면 외식비 지출이 정상으로 돌아온다.

<표 19> 가정경제 요약 시트 - 과소비 조정 사례

단위: 만 원

성별	생년월일	월소득	성과급(년)	재무목표	예상시기	필요금액	필요저축액(월)	주거형태	전세보증금	전월세만기	대출/월세	취득일	주택가격
남편		390		노후자금	10년 후	2억 5,000	208	아파트 (자가)				2012-01-01	2억 5,000
아내		150											
합계		540		합계		2억 5,000	208						

재무목표	금융기관	상품명	가입일자	만기일자	금액 적립식	금액 거치식	누계액	금융기관 / 대출명의	대출종류 / 상환방법	대출원금 / 금리	대출일자 / 만기일자	대출잔액 / 월상환액
주택마련	하나은행	적금	2014-06-01		42		600					
주택마련	하나은행	적금	2014-03-01	2017-03-01	30		600					
주택마련	하나은행	적금 2	2014-12-01	2015-12-01	10		110					
주택마련	국민은행	청약종합저축	2014-11-04				204					
주택마련	국민은행	예금 1	2015-02-04	2016-02-04		1,200	1,200					
주택마련	국민은행	예금 2	2015-03-02	2017-03-02		740	740					
주택마련	국민은행	예금 3	2015-03-02	2017-03-02		1,900	1,900	총 대출잔액	원	월 총상환액	원	
주택마련	국민은행	예금 4	2015-06-16	2017-06-16		450	450	피보험자명		월 보험료		
주택마련	국민은행	예금 5	2015-04-03	2017-04-03		2,100	2,100	본인		15		
주택마련	하나은행	청약저축	2012-08-01			2,000	2,000	배우자		10		
								자녀 1		5		
주택마련	국민은행	재형저축	2015-05-01			600	600	자녀 2				
주택마련	국민은행	펀드	2007-11-28			305	305	자녀 3				
주택마련	국민은행	적금	2015-07-14	2016-07-14	120		480	합계		30		
								재무적 참고사항				
합계					202	9,295	1억 1,289					

월간 정기지출

식비		주거비용		광열수도		교육비		교통통신비		문화교제비		기타소비	
주식비	40	월세		도시가스		자녀1_공		대중교통비	7	모임회비	12	본인용돈	
외식비	70	관리비	15	전기		자녀1_사	73	유류비	12	취미생활	2	배우자용돈	
데이트		기숙사비		수도		자녀2_공		주차/톨비		문화생활		부모님용돈	
담배		숙소비				자녀2_사		인터넷/TV	3	도서비	3	자녀용돈	7
술		공과금						휴대전화	8	가족회비		헌금	
								택시비		계		기부	3

연간 비정기지출

의류신발		보건의료		연1회성		차량유지비		총소득대비 비율분석		차종/자동차보험 만기일		1억 만들기 예상기간	
의류		의료비		경조사	140	자동차세		소비지출비율	55%				
신발	80	의약품비		명절(설, 추석)	80	자동차보험료	32	저축율	37%			- 0.5년	
화장품		의료용품		기념일 등	80	자동차부품	20	보험료비율	6%	월간	255	연간	44
미용	20	건강식품		휴가/여행	50			대출상환비율	0%	정기지출		비정기지출	
가방		피부미용		재산세 등	30			소비 = 50%이내 저축 = 30%이상		월평균 생활비 = 299			
								보험 = 10%이내 대출 = 20%이내		추가 저축 가능액 = 9			

⟨표 20⟩ 노후자금 준비를 위한 일주일 예산 시트

단위: 만 원

항목	외식비			
한 달 예산	40			
월	2.0			
화				
수	2.0			
목				
금	2.0			
토	3.0			
일	3.0			
일주일 지출누계	10.0	12	0.0	–
월				
화				
수				
목	4.0			
금				
토	3.0			
일				
일주일 지출누계	10.0	7	0.0	–
월				
화				
수				
목				
금				
토				
일				
일주일 지출누계	10.0		0.0	–
월				
화				
수				
목				
금				
토				
일				
일주일 지출누계	10.0	–	0.0	–
총 누계	40	19	0.0	–

〈그림 11〉 1억 만들기 예상 기간

가계부를 쓸 때는 고정비용은 제외해도 된다. 손만 아프다. 모든 지출을 다 쓰다가 몇 주 안 가서 지쳐 나가떨어지는 사람이 많다.

가계부는 매달 가장 충동적이고 들쭉날쭉한 지출만 적으면 된다. 대부분 외식비(유흥비)다. 미혼 여성의 경우에는 옷값도 포함된다.

자, 마찬가지로 적금을 30만 원 늘린 효과를 보자.

이 경우 현금이 1억 원 넘게 있기 때문에, 모아둔 현금은 제외하고 계산해보았다. 매달 202만 원을 저축하면 1억을 모으는 데 4년 1개월이 걸리는데, 적금 30만 원을 늘리니 3년 6개월로 줄어들었다.

통장 분리는 1년에 어쩌다 나가는 지출의 월평균인 44만 원을 안 쓰는 통장에 이체하면 된다.

지금 나의 재정 상황에서 적금을 10만 원, 20만 원 늘리는 것이 어떠한 효과가 있는지 한번 계산해보자.

숫자를 시각적으로 보는 것과, 막연하게 적금 가입을 생각하는 것은 동기부여 차원에서 엄청난 차이가 있다.

주택 대출 상환 사례

전세자금 대출상환 사례(〈표 21〉)다.

전세 담보대출이 1억 원이 있었고, 매달 이자로 22만 원을 내고 있었다.

왜 이자만 납부하고 원금은 상환하지 않느냐고 물어보니, 중도상환 수수료 2%를 내야 해서 더 손해 아니냐고 말했다.

많은 고객들이 중도상환 수수료가 있는 대출의 경우 중간에 갚으면 손해라고 생각한다. 결론부터 말하면 절대 그렇지 않다.

위 상황의 경우 연 이자가 2.6%다. 그렇다면 2%인 중도상환 수

<표 21> 가정경제 요약 시트 – 주택 대출상환 사례

단위: 만 원

성별	생년월일	월소득	성과급(년)	재무목표	예상시기	필요금액	필요 저축액(월)	주거형태	전세보증금	전월세만기	대출/월세	취득일	주택가격
남편		420		주택자금	3년 후	1억	278	전세 아파트	1억 5,000		1억		
아내		300		출산비마련	1년 후	500	42						
합계		720		합계		1억 500	319						

재무목표	금융기관	상품명	가입일자	만기일자	금액 (적립식)	금액 (거치식)	누계액
주택마련	은행	적금	2016-01-01	2017-01-01	330		660
출산비마련	은행	적금2	2016-01-01	2017-01-01	40		80
합계					370		740

금융기관	대출종류	대출원금	대출일자	대출잔액
대출명의	상환방법	금리	만기일자	월상환액
전세담보대출		1억		1억
만기일시상환		2.6%		22

총 대출잔액	1억	월 총상환액	22

피보험자명	월 보험료
본인	25
배우자	11
자녀 1	
자녀 2	
자녀 3	
합계	36

재무적 참고사항: 중도상환 수수료 2%

월간 정기지출

식비		주거비용		광열수도		교육비		교통통신비		문화교제비		기타소비	
주식비	40	월세		도시가스	5	자녀 1_공		대중교통비	20	모임회비	5	본인용돈	20
외식비	20	관리비	5	전기		자녀1_사		유류비		취미생활	10	배우자용돈	20
데이트		기숙사비		수도		자녀 2_공		주차/톨비	1	문화생활	5	부모님용돈	
담배		숙소비				자녀 2_사		인터넷/TV	3	도서비		자녀용돈	
술		공과금						휴대전화	8	가족회비		기부·헌금	5
								택시비		계			

연간 비정기지출

의류신발		보건의료		연1회성		차량유지비		총소득대비 비율분석		차종/자동차보험 만기일		1억 만들기 예상기간	
의류		의료비		경조사	120	자동차세	60	소비지출율	37%			2.1년	
신발	300	의약품비		명절(설, 추석)	80	자동차보험료		저축비율	51%				
화장품	60	의료용품		기념일 등	40	자동차부품	30	보험료비율	5%	월간 정기지출	177	연간 비정기지출	88
미용	60	건강식품		휴가/여행	300			대출상환비율	3%				
가방		피부미용		재산세 등				소비=50%이내 저축=30%이상		월평균 생활비 = 265			
								보험=10%이내 대출=20%이내		추가 저축 가능액 = 28			

수료를 내고 원금을 조금이라도 갚으면 연 0.6%를 아낄 수 있다.

은행에서 중도상환 수수료를 부과하는 이유는 두 가지다.

첫째, 중간에 원금을 갚더라도 중도상환 수수료만큼 이익을 보기 위해서다.

둘째, 중도상환 수수료를 아깝다고 생각하게 만들어 원금상환을 최대한 늦추기 위해서다(그래야 원금에 대해 계속 이자를 받을 수 있으니까).

그래서 매달 300만 원씩 대출원금을 갚기로 했고, 여유자금 마련 목적으로 30만 원 적금, 출산비 마련 적금 40만 원, 이렇게 준비하기로 했다.

매달 갚는 원금만큼 이자는 계속 줄어들 것이다.

사실 이 가정의 재무 상황에서 반드시 고려해야 할 사항이 있다. 지금은 맞벌이를 하고 있지만 1년 후에 아내가 출산하게 되면 외벌이로 바뀐다는 점이다.

대출 중도상환을 중지하고 이자만 내는 형태로 다시 돌아간다고 하면, 월 저축 가능액 370만 원에서 아내의 소득 300만 원만큼 빠지게 될 것이다. 외벌이가 된다고 해도 70만 원을 저축할 여력이 있는 양호한 상황이다.

하지만 외벌이가 되면 70만 원을 고스란히 저축하기가 힘들 것이다. 육아로 인한 지출이 최소 30만 원 이상 늘어날 것이기 때문이다. 그렇다 하더라도 초과 지출은 발생하지 않는다.

외벌이 전환 시의 경제 상황을 고려하지 않고 무턱대고 금융상품에 가입했다가는 낭패를 보기 일쑤다. 특히 저축성 보험의 경우 중간에 해약하게 되면 원금도 못 찾는 아찔한 상황이 오게 된다.

맞벌이에서 외벌이로 전환한 사례

맞벌이에서 외벌이로 전환한 사례(〈표 22〉)다.

현재는 아무 문제가 없다. 저축도 160만 원씩 하고 있다. 하지만 외벌이로 전환하는 순간 곤란한 상황이 앞을 기다리고 있다.

아내가 출산으로 인해 휴직을 하면 가정 전체 소득에서 200만 원이 빠지게 되는데, 이것이 어떤 영향을 줄지를 미리 생각해두어야 한다.

우선 지금처럼 160만 원씩 저축을 하지 못하게 된다. 그리고 매달 40만 원씩 초과 지출이 발생할 것이다. 육아 관련 지출이 최

<표 22> 가정경제 요약 시트 – 맞벌이에서 외벌이로 전환한 사례

단위: 만 원

성별	생년월일	월소득	성과급(년)	재무목표	예상시기	필요금액	필요 저축액(월)	주거형태	전세 보증금	전월세 만기	대출/월세	취득일	주택가격
남편		350		출산비 마련	1년 후	1,000	63	아파트	1억 8,000		1,000		
아내		200		주택마련	3년 후	2억 5,000	694						
				차량구입	3년 후	4,000	111						
합계		550		합계		3억	889						

재무목표	금융기관	상품명	가입일자	만기일자	금액 적립식	금액 거치식	누계액	금융기관 대출명의	대출종류 상환방법	대출원금 금리	대출일자 만기일자	대출잔액 월상환액
차량구매	은행	적금	2014-08-19	2016-08-19	100		1,700	은행	전세자금담보 단기일시상환	1,000 3.4%		1,000 3
주택마련	은행	청약종합저축	2010-01-01		10		679					
출산비마련	증권사	CMA				50	50					

								총 대출잔액	1,000	월 총상환액	3
								피보험자명		월 보험료	
								본인		15	
								배우자		12	
								자녀 1			
								자녀 2			
								자녀 3			
								합계		27	
								재무적 참고사항			
합계					160		2,429				

월간 정기지출

식비		주거비용		광열수도		교육비		교통통신비		문화교제비		기타소비	
주식비	30	월세		도시가스	5	자녀 1_공		대중교통비	10	모임회비		본인용돈	30
외식비	50	관리비	13	전기		자녀 1_사		유류비	30	취미생활	15	배우자용돈	30
데이트		기숙사비		수도		자녀 2_공		주차/톨비		문화생활		부모님용돈	30
담배		숙소비				자녀 2_사		인터넷/TV	1	도서비	3	자녀용돈	
술		공과금						휴대전화	15	가족회비		기부·헌금	
								택시비		계			

연간 비정기지출

의류신발		보건의료		연1회성		차량유지비		총소득대비 비율분석		차종/자동차보험 만기일		1억 만들기 예상기간	
의류		의료비		경조사	120	자동차세		소비지출비율	64%			3.9년	
신발	300	의약품비		명절(설, 추석)	100	자동차보험료	100	저축비율	29%				
화장품	60	의료용품		기념일 등	100	자동차부품	40	보험료비율	5%	월간 정기지출	262	연간 비정기지출	88
미용	40	건강식품		휴가/여행	200			대출상환비율	1%				
가방		피부미용		재산세 등				소비=50%이내 저축=30%이상		월평균 생활비 = 350			
								보험=10%이내 대출=20%이내		추가 저축 가능액 = 10			

소 30만 원 이상 더 발생하면 매달 70만 원이 빠져나가는 상황이 된다.

육아휴직을 2년 고려하고 있는 상황이라면,

70(만 원)×12(개월)×2(년) = 1680만 원

최소한 1680만 원의 저축이 있어야 육아휴직 2년 동안 초과 지출이 발생하지 않고 생활을 유지할 수 있다.

현재 CMA에 출산비 마련으로 매달 50만 원씩 넣고 있는데, 2년 동안 불입하면 1200만 원이 된다. 약 500만 원이 부족한 상황이다.

한 달에 40만 원 저축을 늘려야 하는데, 소득을 높일 수 없다면 결론은 하나!

소비를 줄여야 한다.

주식비 30만 원, 외식비 50만 원으로 외식비 비중이 상대적으로 높다. 매주 12만 원씩 나가는 외식비를 반드시 줄여야 한다.

외식비 50만 원을 20만 원으로 줄이고 30만 원의 차액으로 저축을 늘리는 방법을 선택했다.

그리고 부부의 용돈을 각 30만 원에서 20만 원으로 줄였다. 그 차액 20만 원을 저축하기 시작했다.

사실 부모님 용돈 30만 원을 줄이자는 의견도 나왔지만 차마 그렇게 하지는 않았다. 결국 외식비와 용돈을 줄여 월 50만 원의 저축 여력을 만들어 저축을 시작했다.

이렇듯 자녀 계획 이전에 외벌이로 전환할 경우에 대비해 미리 가정경제 계획을 짜두어야 한다.

사실 이 가정에서 자녀 출산 이후를 위한 가장 현실적인 대안은 다시 맞벌이로 최대한 빠르게 전환하는 것이다. 맞벌이가 아니면 저축하기 정말 힘들다.

사실 태어난 지 몇 달 되지도 않은 아이를 두고 출근하는 엄마의 심정이 어떻겠는가. 그럼에도 이렇게 할 수밖에 없는 대한민국의 현실 앞에서 재무상담사로서 어떤 말을 건네야 할지 먹먹할 때가 참 많다.

자녀교육비
부부 갈등 사례

자녀교육비 갈등 사례(〈표 23〉)다.

가정 전체 소득 600만 원. 저축 0원.

상담하는 과정에서 부부 사이에 다툼이 있었다. 두 자녀의 사교육비가 250만 원이 넘는 상황이었다.

기존에는 저축을 하다 사교육비 증가로 인해 저축을 전부 깨고, 버티고 버티다 당장 다음 달부터 초과 지출이 발생할 예정이었다.

사교육비는 태권도, 수영, 바이올린, 수학, 원어민 영어, 중국어, 한자 등이었다.

〈표 23〉 가정경제 요약 시트 – 자녀교육비 부부 갈등 사례

단위: 만 원

성별	생년월일	월소득	성과급(년)	재무목표	예상시기	필요금액	필요 저축액(월)	주거형태	전세 보증금	전월세 만기	대출/월세	취득일	주택가격
남편		400						아파트 (자가)			1억		4억
아내		200											
합계		600		합계									

재무목표	금융기관	상품명	가입일자	만기일자	금액 적립식	금액 거치식	누계액
합계							

금융기관 대출명의	대출종류 상환방법	대출원금 금리	대출일자 만기일자	대출잔액 월상환액
은행	부동산담보 원리금균등	2.9%		1억 50
총 대출잔액	1억	월 총상환액		50

피보험자명	월 보험료
본인	15
배우자	10
자녀 1	7
자녀 2	4
자녀 3	
합계	36

재무적 참고사항

태권도, 수영, 피아노, 바이올린, 수학, 영어, 중국어, 한자 등

월간 정기지출

식비		주거비용		광열수도		교육비		교통통신비		문화교제비		기타소비	
주식비	60	월세		도시가스	5	자녀1_공		대중교통비	5	모임회비	5	본인용돈	20
외식비	40	관리비	25	전기		자녀1_사	150	유류비	20	취미생활		배우자용돈	20
데이트		기숙사비		수도		자녀2_공		주차/톨비		문화생활	2	부모님용돈	
담배		숙소비				자녀2_사	100	인터넷/TV	3	도서비	2	자녀용돈	15
술		공과금						휴대전화	15	가족회비		기부·헌금	
								택시비		계			

연간 비정기지출

의류신발		보건의료		연1회성		차량유지비		총소득대비 비율분석		차종/자동차보험 만기일		1억 만들기 예상기간	
의류	300	의료비		경조사	120	자동차세	80	소비지출비율	96%				
신발		의약품비		명절(설, 추석)	120	자동차보험료		저축율	0%				
화장품		의료용품		기념일 등	100	자동차부품	20	보험료비율	6%	월간 정기지출	487	연간 비정기지출	92
미용	40	건강식품		휴가/여행	300			대출상환비율	8%				
가방		피부미용		재산세 등	20			소비=50%이내 저축=30%이상		월평균 생활비 = 579			
								보험=10%이내 대출=20%이내		추가 저축 가능액 = −65			

남편은 적당히 좀 하자며 아내를 다그쳤고, 아내는 아이들을 잘 키우자는 데 그렇게 돈이 아깝냐며 반박했다.

저축이 0원이다. 10만 원도 아니고 0원.

부부는 인생의 후반전을 자녀에게 올인하고 있는 상황이었다.

결국 매달 65만 원의 초과 지출을 메우기 위해 아내가 부업을 하기로 했다.

사실 자녀교육비를 제3자인 재무상담사가 왈가왈부할 수 없는 노릇이다. 하지만 중요한 것은, 부모가 인생의 후반전을 대비하고 있지 않으면 자식들에게 짐이 된다는 것이다.

냉정하게 말해보자. 지금 매달 부모님에게 생활비로 얼마를 보내드리고 있는가. 50만 원? 100만 원? 아님 200만 원?

그럼 정년 이후에 자녀로부터 생활비를 얼마나 지원받길 바라는가. 앞서 맞벌이에서 외벌이로 전환하는 상담 사례를 보지 않았는가.

부모님에게 용돈 30만 원 드리는 것도 버거웠다. 그렇다고 사치를 부리는 것도 아니다.

나중에 우리 자녀들은 지금보다 더 힘들어질 확률이 높다.

진짜 자녀를 위한 길은 부모가 인생의 후반전에 자식에게 손 벌리지 않는 것이다.

보험증권 분석 및
보험 조정 사례

 마지막으로 보험 정리 사례를 보자(〈그림 12〉).

 분명 한글로 적혀 있는데도 무슨 뜻인지 알 수 없는 말이 잔뜩 적혀 있다. 이런 보험증권은 장롱 깊숙한 곳에 들어가 있을 것이다.

 나도 저렇게만 보면 한눈에 분석하기 힘들다. 그래서 한 장으로 정리해야 한다.

 보장성 보험은 저축이 아닌 비용이기 때문에, 반드시 필요한 특약만 가입해서 저축을 더 늘리는 것이 바람직하다.

〈그림 12〉 보험증권

보험증권

암생활비보험 무배당 (코드:)

증권번호				보험수익자	만기 · 분할시		
계 약 자			****** – ******		입원 · 장해시		****** – ******
주피보험자			****** – ******		사망시	법정상속인	(100%)
종피보험자	종피보험자1						(%)
	종피보험자2						(%)
	종피보험자3			지정대리 청구인			
주 소	서울 귀하						

자필서명

※ 피보험자 본인이 자필서명을 하지 않으신 경우에는 무효가 되어 보장을 받지 못할 수 있습니다.

※ 보험계약자 또는 피보험자가 미성년자인 경우 법정대리인이 서명하여야 함을 알려 드립니다.

자필서명란

구분	성명	서명(인)
계약자		
주피보험자		
종피보험자(1)		
종피보험자(2)		
종피보험자(3)		
법정대리인(친권자)	관계( )	
법정대리인(친권자)	관계( )	

구분		피보험자	가입금액 (만원)	계약일	보험기간/납입기간	만기일	보험료(원)
주보험			1,200	2016/07/26	20년/20년	2036/07/26	30,720
(무)	더보장 암진단특약		1,200	2016/07/26	20년/20년	2036/07/26	2,460
(무)	암사망특약		6,000	2016/07/26	20년/20년	2036/07/26	9,300
		수금방법	자동이체	보험료납입주기	월납	합계보험료	42,480

지점: 지점 TEL: 02- FC1: FC2:

보장내용	보장금액(원)
【주계약】	
1. 주된암 생활비	
-보험기간 중 암보장개시일 이후에 '주된암'으로 진단 확정되고 진단확정일부터 5년동안 매년 진단확정 해당일에 생존하였을 경우	
☞ 1년 미만 (최대 60회)	600,000
☞ 1년 이후 (최대 60회)	1,200,000
2. 완치축하금	
-보험기간 중 암보장개시일 이후에 '주된암'으로 진단 확정되고 진단확정일로부터 5년이 되는 진단확정 해당일에 생존하였을 경우	
☞ 1년 미만 (최대 1회)	7,200,000
☞ 1년 이후 (최대 1회)	14,400,000
【무배당 에이스 더보장 암진단특약】	
-보험기간 중 피보험자가 암보장개시일 이후에 유방암 또는 전립선암으로 진단 확정 되었을 경우 (단, 최초1회 진단확정에 한하여 지급)	
☞ 1년 미만	2,400,000
☞ 1년 이후	4,800,000
-보험기간 중 피보험자가 보장개시일 이후에 기타피부암, 갑상선암, 제자리암 및 경계성종양으로 진단 확정 되었을 경우 (단, 각각 최초1회	

*본 가입증서는 2016년 월 일 생명보험(주)에서 발행하였습니다.

*위 내용은 보장에 대한 개략적인 안내이며, 상세한 사항은 해당약관에 따릅니다.

*본 가입증서의 보장내용은 2장으로 구성되어 있습니다. 증권번호 - 총 2장 중 1장

〈표 24〉 보험 보유 현황 정리

단위: 만 원

상품명		A보험		B보험		C보험	
보장 영역		보장 크기	기간	보장 크기	기간	보장 크기	기간
사망	일반사망	1억	65세				
	질병사망						
	정기특약						
상해	일반상해사망					3000	2020년
	교통상해사망					1억 5000	2020년
	후유장해					3000	2020년
암	암진단금						
	암수술비						
	암입원비						
2대질병	뇌경색						
	뇌출혈						
	급성심근경색						
수술비	질병수술비 1종						
	질병수술비 2종						
	질병수술비 3종						
	질병입원비					3	2020년
	재해수술비 3종						
	재해입원비					3	2020년
실비	질병입원의료비			5000	갱신형		
	질병통원의료비			30	갱신형		
	상해입원의료비			5000	갱신형		
	상해통원의료비			30	갱신형		

〈표 24〉와 같이 보험을 3개 보유하고 있는 고객의 경우 무엇이 문제일까?

<표 25> 보유 보험 정리 및 조정 사례

단위: 만 원

상품명		A보험		B보험		C보험		D보험	
보장 영역		보장 크기	기간	보장 크기	기간	보장 크기	기간	보장 크기	기간
사망	일반사망	1억	65세						
	질병사망								
	정기특약								
상해	일반상해사망					3000	2020년	2억	100세
	교통상해사망					1억 5000	2020년		
	후유장해					3000	2020년	2억	100세
암	암진단금							3000	100세
	암수술비							100	100세
	암입원비							6	100세
2대질병	뇌경색							3000	100세
	뇌출혈							3000	100세
	급성심근경색							3000	100세
수술비	질병수술비 1종								
	질병수술비 2종								
	질병수술비 3종								
	질병입원비					3	2020년		
	재해수술비 3종								
	재해입원비					3	2020년		
실비	질병입원의료비			5000	갱신형				
	질병통원의료비			30	갱신형				
	상해입원의료비			5000	갱신형				
	상해통원의료비			30	갱신형				

　한국인의 사망 원인 1위, 2위, 3위인 암, 뇌질환, 심장질환 진단비가 전혀 없다는 것이다.

그리고 상해후유장해가 있는 C보험은 2020년에 만기가 돌아온다.

보험이 3개나 있는데 정작 가장 중요한 진단비는 하나도 없다. 보험의 덫에 제대로 걸린 것이다.

이후 〈표 25〉와 같이 신규 보험으로 암, 뇌질환, 심장질환 관련 진단비를 추가했다.

이렇듯 복잡하기 짝이 없는 보험증권을 보기 쉽게 한 장에 정리하고, 부족한 부분만 특약으로 넣어 가입하면 된다.

우리 가정의 보험이 전부 생명보험 상품이거나 손해보험 상품이라면 반드시 점검해봐야 한다. 장롱 깊숙이 잠들어 있는 보험증권을 깨우자!

종례시간

정신 바짝 차려야
가난에서 벗어난다

언젠가 기획재정부에서 한국의 경제위기를 야기하는 요인은 유럽의 재정위기라고 발표했다.

하지만 진짜 위기는 가계부채 1200조 원 돌파, 부동산 거품과 같은 내부 요인 등 내 탓 때문이 아닐까?

한 나라의 재정을 담당하는 부서가 외부 요인, 즉 남 탓부터 하는 모습이었다. 대외변수는 부수적인 문제다. 근본적인 문제는 외부가 아닌 대한민국 안에 있다.

헬조선(청년실업, 전세난 등으로 인한 한국 사회의 어려움을 지옥에 비유한 신조어)이라는 말이 유행처럼 번지고 있다. '조선'이라는 말 자체가 지옥이므로 앞의 'hell'을 빼도 상관없다고 말할 만큼 우리 사회는 심각한 어려움을 겪고 있다.

맞다. 맞는 말이다. 분명 대한민국은 개선되기는커녕 개악되고 있다. 그리고 우리는 통장이 가벼운 이유를 '금리가 낮아서 이자 소득이 적다', '물가가 높다', '세금을 너무 많이 뗀다' 등등 외부 요인, 즉 나라를 탓하고 있다.

하지만 근본적인 위기는 남들보다 나아 보여야 한다는 허영심, 내부 요인인 내 탓일 수 있다.

필요 이상의 겉치레. 쓸데없이 욕심 부리며 겉모습만 화려한 모습. '허영심'의 사전적 정의다. 허영심은 외부 요인이 아닌 내부 요인, 즉 내 탓이다.

소비, 대출, 투자라는 유혹으로 우리를 궁지로 내모는 외부 세력에게 잘못이 없다는 의미는 아니다. 하지만 그런 외부 요인 때문에 내 인생이 망가졌다고 신세 한탄만 하고 있을 수는 없다. 소비, 대출, 투자 속에 감춰진 덫에 빠지지 않도록 정신 바짝 차려야 하고, 이미 빠졌다면 얼른 빠져나와야 한다. 빠져나올 수 있는 가장 합리적인 방법을 찾아내야 한다.

금리, 물가, 세금 등의 외부 요인을 내 힘으로 변화시키는 것은 거의 불가능하다. 하지만 내부 요인인 '나'를 바꾸는 것은 마음만 먹으면 지금 당장에라도 가능하다.

나도 정말 인정하긴 싫지만 외부 요인을 지금 당장 바꿀 수 없다면, 내가 먼저 바뀌는 것이 유일한 방법이다. 슬프지만 어쩔 수 없다. 받아들여야 한다.

반지하나 옥탑방에 살면 삶이 불행한 걸까? 경차를 타면 부끄러운 일일까? 1년에 한 번 해외여행 다녀오지 않으면 너무 비참한 삶일까? 명품 가방 하나 없으면 초라한 존재일까?

도대체 언제부터 우리는 30평대 이상의 아파트여야 집들이를 해도 창피하지 않고, 자녀가 1명이라도 있으면 큰 차를 몰아야 아빠 체면이 서고, 휴가철엔 해외로 여행을 가야 휴가다운 휴가라고 여기게 되었는가.

예전에는 온 가족이 단칸방에 살았어도 화목했고, 4인 가족이 '프라이드'를 타고 다녀도 '프라이드'를 잃지 않았고, 휴가철에 근교 계곡이라도 발을 담그는 순간 지상낙원이었다.

지금 당장 '선택적 가난'을 실천하자는 뜻이 아니다. 행복의 기준을 어디에 두고 있는지 다시 한 번 생각해보자는 것이다.

인정하든 인정하지 않든 우리는 인생의 전반전에 소비하고 남은 돈을 들고 후반전을 맞이해야 한다. 전반전의 허영심은 후반전의 50년이라는 시간에 너무나 처절한 고통으로 찾아올 수 있다. 본격적으로 골을 넣어야 할 후반전에 골을 넣을 생각은커녕 실점이나 막자는 마음으로 경기장에 들어서면 너무 서글프다.

지금 당신의 인생은 어디쯤 와 있는가?

이미 지난 시간은 되돌릴 수 없다. 하지만 앞으로의 시간은 얼마든지 다르게 살 수 있다.

이젠 책을 덮고 실천할 때다.

시작하기에 가장 좋은 때는 바로 '지금'이다.

오늘, 지금, 당장, 시작해보자!